陪孩子走过学前六年

慧 海——著

民主与建设出版社

·北京·

图书在版编目(CIP)数据

陪孩子走过学前六年 / 慧海著. -- 北京 : 民主与建设出版社, 2020.12

ISBN 978-7-5139-3124-3

Ⅰ. ①陪… Ⅱ. ①慧… Ⅲ. ①学前教育－家庭教育 Ⅳ. ①G781

中国版本图书馆 CIP 数据核字（2020）第 221823 号

陪孩子走过学前六年

PEI HAIZI ZOUGUO XUEQIAN LIUNIAN

著　　者	慧　海
责任编辑	周佩芳
封面设计	尚世视觉
出版发行	民主与建设出版社有限责任公司
电　　话	（010）59417747　59419778
社　　址	北京市海淀区西三环中路10号望海楼E座7层
邮　　编	100142
印　　刷	三河市长城印刷有限公司
版　　次	2021年1月第1版
印　　次	2021年1月第1次印刷
开　　本	710mm × 1000mm　1/16
印　　张	13.5
字　　数	220千字
书　　号	ISBN 978-7-5139-3124-3
定　　价	48.00元

注：如有印、装质量问题，请与出版社联系。

对于孩子的成长来说，6 岁是一个重要的分水岭，是孩子成长过程中不能错过的最佳教育期！孩子从婴儿期就开始接受外界的刺激，继而引发各种反应，学会更多本领；孩子自出生开始，在听觉、视觉、嗅觉及触觉等方面的能力就比我们想象的发达许多，孩子具有天才般的吸收能力，家长只要把握好这一黄金期对孩子进行指导和引导，孩子就能够根据自身的特点和潜能健康成长。

专家指出，0~6 岁儿童大脑神经网络大约会建构 80%，是大脑神经成长、构建的关键期。

如果等到孩子出问题了再去纠正，就已经晚了。其实，有的孩子在很小的时候就已经表现出了征兆，只不过家长当时没有注意到罢了。比如，有的孩子不喜欢跟家长说话，有的孩子会偷拿家长的钱，有的孩子每天只知道玩抖音，有的孩子厌恶上学，有的孩子厌烦家长的说教……这些问题集中表现，一般都是在青春期，但通常孩子在 6 岁前就已经出现了各种征兆。

在孩子 6 岁之前，家长应尽可能地去关注孩子，发现问题的苗头并及时纠正，如果等孩子大了再想要去纠正，那么就会付出更多的精力和代价，结果也不见得好。

孩子出生后，并不会自然长大，需要家长的关心和教育。

6 岁之前的孩子，意识处于发展期，接收信息的速度会随着年龄的增加变得越来越快。他们通过不断的模仿，养成各种习惯。如果家长不对这一阶段的孩子进行约束和管理，纵容他们的不当言行，那么久而久之，就会对他们未来的成长造成负面影响。那么，该如何抚育 0~6 岁的孩子呢?

下面是一份 0~6 岁年龄段孩子的成长关键期指标：

0~3 岁：孩子情感、人性形成的关键期。这一年龄段的孩子，自我意识迅速萌芽，独立意识逐步增强，表现欲也会越来越强，家长要重点培养孩子如下情感：善良、阳光、活泼、坚强、担当、分享、有礼等。

4~6 岁：孩子性格观念形成的关键期。这一年龄段的孩子，好奇心重、好提问、喜学习，家长要重点培养孩子如下品性：良好世界观、人生观、金钱观、勇敢、果断、忍耐、求变等。

处于不同成长期的孩子，发育的重点不同，家长只要从孩子各年龄段的特点出发，对孩子有所侧重地进行培养，他们的成长就能顺利很多。

目 录

上篇　0-3 岁是孩子情感、人格形成的关键期

第一章　0~3岁孩子的情感和人格发展

第二章　人性本善：有爱心的孩子，才能拥有好性格

第三章　健康阳光：内心充满阳光，才能更乐观、更自信

第四章　活泼开朗：每个人都喜欢活泼灵动的孩子

第五章　坚强勇敢：跌倒了，就要让孩子自己爬起来

第六章　懂得担当：孩子肩膀弱小，但照样能担当

上篇

0~3岁是孩子情感、人格形成的关键期

第一章 0~3岁孩子的情感和人格发展

◆特点

自我意识迅速萌芽

0~3 岁，孩子对外界的想法变得更加成熟，除了能分清性格上的差异，一些孩子还能分清年龄和性别，而这就是自我意识萌芽最关键的一步。

这天，刘女士带着女儿去商场购物，路过玩具店，女儿走了进去，挑了几个自己喜欢的玩具。女儿不仅喜欢玩具，而且还喜欢漂亮衣服，只要一看到其他小朋友穿新衣服新鞋子，就恨不得立刻将其穿在自己身上或脚上，片刻都不想等。此外，女儿还特别喜欢听夸奖的话。

刘女士的女儿的情况并不是个例，孩子到两三岁时都会陆续出现这种状况，变得爱美，关注外表。孩子的这种状况让家长很焦虑，孩子这么小怎么就开始变得如此爱美了。

其实，这是正常现象，孩子自我意识正在发展的过程中，而爱美也是自我意识发展的一部分。随着自我意识的觉醒，孩子能够用自己的方式认识外界，同时也会用自己的方式认识自己。对于0~3岁的孩子，不进行正确的引导，孩子的自我意识就会受到各种影响。

自我意识的萌芽标志着孩子开始拥有自己的审美观，有了爱美之心，并喜欢评价自己。在评价过程中他们还能找到他人对自己的评价，辨别事情的好坏。

自我意识就是一个人对自己的认识和评价，即认识自己。有了自我意识才能对自己的思想行为进行自我控制和调节，使自己的个性更加完整。具体内容包括：认识自己的生理状况（如身高、体重、体态等）、心理特征（如兴趣、能力、性格等）、自己与他人的关系（如自己与周围人的关系、自己在集体中的位置与作用）。心理学家指出，人并不是生来就有自我意识的，对于孩子们来说，只有到达一定阶段才会形成自我意识。

1. 4个月内的婴儿，无法意识到自我意识的存在

初生的婴儿无法意识到自我意识的存在，也就是说，4个月内的婴儿并不知道自己是有身体的，更不知道自己有手有脚。就像蛋壳中的小鸡，自我意识还没有破壳而出。他们只会将手指脚趾当作玩具玩耍和吮吸，意识不到“这原来是我的手”。

2. 5~9个月的孩子，意识到自己身体的各部分

（1）随着认识能力的发展和家长的教育，孩子长到5~9月时会从吮吸手指到将注意力转向外部环境，喜欢摇摇棒、发声的玩具。

（2）他们喜欢嘬手指，会用自己的小手搬弄小脚，同时发出“呀呀”

声，从中获取不同的感受，继而认识到手和脚是自己身体的一部分而玩具不是，因为感觉不一样。

（3）意识到“这是我的手”这件事后，孩子就能用手去抓东西了，同时对别人呼唤自己的名字也有了反应。当家长用一个名称来呼喊孩子时，他们会知道这个说的是我。这时候，手的探索功能逐渐增强，促进了自我意识的发展。

（4）孩子开始对镜子感兴趣，喜欢对里面出现的小家伙进行注视、接近、微笑并咿呀作语，但并不知道自己在镜子里的样子，对着镜子，他们只会想：“那个家伙到底是谁？”

3. 9~12 个月，开始认识自己的动作

孩子长到 9 个月的时候，会逐渐发现自己的动作，以及动作带来的主观感受。然后，通过一个偶然的动作，他们会意识到自己的动作和结果之间的特殊关系，并不断地重复证实这种关系的存在。例如，孩子不小心把手里的毛绒玩具扔出去很远，就会有意识地把玩具反复扔出去，在反复的过程中，逐渐区分自己的动作和玩具之间的关系。

4. 12~15 个月，学会使用自己的名字

学会使用自己的名字，是婴儿自我意识发展中的巨大飞跃，表明他们能把自己和他人进行区别了。比如，

家长问：“这个苹果是谁的？”

孩子答：“彤彤。”

家长问：“谁想吃苹果？”

孩子答：“彤彤。”

但是，这时的他们仅将名字理解为自己的称号，而不是“这是我的名字”。因此，遇到跟自己同名的孩子时，他们就会感到困惑，不知道对方为何跟他的称号一样。

5. 1 岁半至两岁，对自我躯体的认识

1972 年，北卡罗来纳州大学的心理学家做了一个实验：婴儿熟睡时，工作人员往婴儿的鼻子上抹上胭脂。婴儿醒来后，工作人员将婴儿抱到镜子跟前，结果发现：15 个月大的婴儿会看着镜子，摸摸自己抹了胭脂的鼻子，但多数婴儿要在 21 个月以后才会出现这种行为。由此，心理学家得出结论，婴儿的自我意识，大约在 1 岁 8 个月时形成。

6. 两岁以后，认识到自我心理活动

（1）脸红和害羞。两岁之后，孩子知道了“我想做”和“我应该做”的区别，做错事后会脸红，这是非常讨喜的自我意识的表现，叫羞愧感。羞愧感是孩子自我评价形成的前提，此刻的他们只是停留在感受层面去体会，还没有上升到系统化地自我评价。

（2）自我评价。孩子会拿自己与他人作比较，得出简单的自我评价。例如：“姐姐高。”只不过受认知水平的限制，这时候出现的自我评价内容非常简单，且依赖于家长的评价，孩子喜欢用复制的语言来复述外界。

（3）占有欲。3 岁以内的孩子对玩具有着极强的占有欲，容易引发矛盾冲突，带来不愉快感。但是，这却代表着自我意识的成熟发展。发生类似的情况，家长要肯定地说：“对，这个就是你的，不是他（她）的。”然后，再给予孩子关于“分享”的引导。两者的顺序非常重要，一定要先提醒“是你的”，之后再“可以分享”。

独立性逐步形成

美国心理学家曾对1500位儿童进行了30年的追踪观察，结果发现20%的人一无所成。这20%的人与成就最大的20%的人对比，最明显的差异并不是智力，而是个性品质。成绩卓越的人一般都有毅力、独立性强、勇往直前。

所谓独立性，是指一个人独立分析和解决问题的能力。孩子生存教育的根本在于培养其独立性，独立性包括独立意识和独立能力，应重点培养他们的自理生活能力，因此需要从小抓起。

下面是3岁之前孩子的独立性发展脉络：

出生两个月。这个时期的孩子懵懂无知，正努力适应子宫外的生活，多数时候都处于半睡半醒之间。研究发现，这时候的婴儿对光线、颜色、移动和声音等都有反应，对味道、气味和触摸也有反应。但是，此时的婴儿却无法分辨人与非人，如同生活在一个光线和颜色、温暖和寒冷、痛苦和舒适、静止和移动并存的世界中。

2~6个月。婴儿处于跟妈妈共生的阶段，觉得自己就是妈妈，妈妈就是那些和家长互动的婴儿。这时候的婴儿能力逐渐增强，比如，对刺激的感知、处理、对记忆的反应。

6~24个月。婴儿进入分离个体化的阶段，开始慢慢独立。被抱着的时候，为了以更好的角度清楚看妈妈，总想从妈妈身上挣脱。孩子特别喜欢玩躲猫猫游戏，遮着眼睛的手一拿开妈妈就出现了，乐此不疲。这个阶段，孩子会进入全能感知阶段，会关注蜘蛛侠、钢铁侠、绿灯侠、闪电侠……

两岁以后，孩子开始出现最初的自我概念，例如“给我”“我要”“我会”“我自己来”等意向，表示自己的主张和独立性，面对家长提出的要求时，他们会拒绝或故意不听从，语言上说“我不”，行为上表现出喜欢自作主张地参与家庭劳动，结果将屋子搞得一团糟。有些孩子则会出现严重的逆反心理，跟家长有明显的敌对，自我意识飞速发展。

24~36个月以后，养育已经初见成效，孩子的独立性进一步增强，开始独立活动，然后进入幼儿园。家长的重要性开始稍微降低，而爸爸越来越重要，爸爸要越来越多地投入孩子的游戏中。

2~3岁孩子独立性的表现如下：

1. 想要摆脱家长控制

孩子自我意识开始萌芽，言语和动作发展迅速，对世界的认知范围逐渐扩大。他们喜欢到处摸索，不喜欢家长抱着，甚至不愿让人拉着手走路。他们能表达自己的意愿，对家长要求做的事会直接回答“不”；对自己要做的事会说：“我会，我自己来。”

2. 手脚动作不太协调

走或跑容易跌倒，用杯喝水会洒，用勺吃饭会掉在身上。

3. 渴望与同龄伙伴交往

孩子喜欢与邻居孩子玩，甚至会说“没人陪我玩，没劲”等。家长会以不放心、不安全为由限制他们交往。

4. 对熟练的事情感兴趣

喜欢反复做，比如，反复摆弄某一类玩具、重复进行一种游戏等。

表现欲越来越强

有些家长表示，家中来客人或到人多的地方时，孩子就会表现得特别兴奋乱跑乱叫，甚至出现一些不太好的行为，简直就是“人来疯”。面对孩子的这种行为，很多家长都会严厉训斥，结果却一点作用都没有，下次孩子还会继续如此。孩子为什么会这样呢?

这种行为，一般都在两三岁出现。这时候，孩子们可以区分平时自己环境里的人和“外面”的人。他们的表现欲非常强，想让所有人都注意到自己或得到其他人的赞美和表扬。

可是，在生活中总会出现这样的情形：

2 岁的孩子想帮妈妈收拾桌子，妈妈却不耐烦地夺过碗碟说道：“孩子，你会把碟子摔碎的。”

3 岁的孩子在自己穿鞋，妈妈却说：“来，儿子，妈给你穿，你穿得太慢。”

看到妈妈在给花浇水，孩子走过去小心翼翼地拿起水壶，想要提供帮助。妈妈却说：“别动，小心将水洒到身上，让妈妈干吧，你还小着呢。”

妈妈的这些言行无意识地打击了孩子的自我表现欲，只能让孩子意识到自己的渺小，降低了孩子对自我能力的认识。

面对大千世界，两三岁的孩子常会感到束手无策，但依然敢进行各种尝试，学习各种方法使自己适应并融入这个世界。但是，家长总会给孩子设置障碍，不能正确地帮助他们。孩子想帮你拿盘子，你却说："不要动它，你会打碎它的。"虽然保全了盘子，但会给孩子留下阴影，推迟他某种能力的发展的时间。

"你怎么把房间搞得这么乱？""你怎么把衣服穿反了？"等话，只能让孩子觉得他们是那么无能、那么缺乏经验，这会使孩子失去信心，失去努力探索、追求、锻炼的自觉性。

自我表现欲，是人类的基本欲望之一，是个人实现和展示自身价值的积极意念。每个孩子都有表现欲，表现的形式也各不相同。有些孩子能唱会跳善于表演；有些孩子总是大喊大叫；有些孩子喜欢动手打人。这些表现欲显得幼稚、盲目、冲动和外露，如果不对他们的表现欲给予正确对待和引导就会伤害孩子的自尊心，从而影响孩子个性的健康发展。

1. 用爱去保护孩子良好的表现欲

保护孩子良好的表现欲就是保护孩子的自尊心和自信心，如果孩子的表现欲以某种方式反映出来，就要给予理解、关怀和鼓励。即使不能使孩子的表现欲体现于行动，也要表示赞赏、支持，然后给予解释，绝不能忽视了孩子的表现。

2. 要耐心去纠正孩子不良的表现欲

有些孩子精力旺盛，为了吸引他人的注意力会大喊大叫。对待这种孩子，不仅要有爱心、耐心，还要有恒心。如果孩子天生多动不喜欢约束还总是惹祸，可以找他谈心，抱抱他亲亲他，让他感受亲昵行为的温暖。此外，还要鼓励孩子接触其他小朋友，让他知道友情的可贵。如果发现孩子喜欢劳动，就请他帮着做事情，孩子感受到了自己的价值，就能体会到良好表现欲被满足的成功感。

◆关键点

1岁：孩子认识世界的方式是玩耍

0~1 岁是大脑开发的关键期，不要觉得孩子太小，什么都不懂。在这个阶段，孩子的大脑可以接受语言、情感等各种信息并储存起来。在这个阶段开发智力，对他进行逻辑、能力、肢体等方面的引导，就可以建立起孩子比较、分类、排列等逻辑能力，还能激发他们对事物的好奇心和探索欲。

孩子天生就爱玩，他们也是通过玩耍来认识和适应这个世界的，并慢慢学会怎样在世界上生存。玩耍时，孩子脸上的笑容最有感染力，因为他们会发自内心地表现出满足和激动，这种愉悦感和满足感远远超过从吃好穿好上获得的感觉。

游戏，表面上看起来似乎只是玩耍，其实每个游戏都能对孩子的动作、技能和认知等能力进行锻炼。不仅是一种良好的亲子互动，还可以以此观察孩子能力的强弱，然后根据孩子的状态来选择游戏。那么，如何让孩子玩得快乐呢？

1. 注意卫生和安全

1 岁以内的孩子，免疫系统发育还不完善，抵抗力很弱，如果你要和孩子玩耍，先要洗手，以免将细菌传递给孩子。家长口腔里存在多种微生物，亲吻孩子的时候，很可能会让孩子感染疾病，虽然没传闻的那么严重，但也不是没有可能。如今，就是因为卫生条件变好了，中国婴儿的死亡率才较过去有所下降。另外，孩子的皮肤也很稚嫩，尽量不要让他们接触尖锐的玩具，更不能让尖锐物品碰触到孩子。对待孩子一定要轻柔，以防伤到他。

2. 孩子不会移动，如何玩

如果孩子还不能自己移动，最方便的玩耍方式就是把他抱起来，让他依靠在温暖的怀抱里。让孩子的头部靠在家长身上，孩子就能观察到更多。

（1）两个月后，孩子的眼睛可以看清东西了。这时候，就可以找些鲜艳的颜色、运动的物体让孩子看或摸。为了能够看更多的东西，在家长怀抱里的孩子就会努力伸头，运动颈部的肌肉，这也是对孩子的锻炼。此外，在温度适宜的房间内，给孩子做婴儿体操和按摩，他们也会很开心。因为，孩子更喜欢光着身子。同时，体操和按摩可以帮助孩子锻炼肌肉、促进发育。需要注意的是，动作要轻柔，温度要适宜。

（2）三四个月以后，孩子的力气逐渐变大，手部的肌肉也慢慢发育好，可以给孩子准备一些适合抓握的玩具和一些能摇晃出声的玩具吸引孩子的注意力。这时候，有个地方是需要注意的：玩具要尽量保持干净，且不能太小，因为孩子喜欢用嘴巴探索世界，多数都会将玩具放进嘴里，这会让孩子生病，个头太小的玩具还容易被孩子吞服，很危险。

3. 孩子会走动了，怎么玩

6个月以后，孩子基本都会坐了也会翻身，这时候最重要的是注意孩子的安全，当心孩子一不留神就滚下床。

（1）要对孩子温柔地说话，告诉他身边各种东西的名字。如果他要模仿，就可以多重复几遍，耐心地纠正他的发音。

（2）有些孩子可能会厌倦原来的玩具，可以更换一些样式，找些孩子喜欢动手玩耍的，而不再是挂起来、摆起来看的。

（3）6 个月以上的孩子一般都不再喜欢婴儿体操，要引导他们自己运动起来。

（4）有些孩子喜欢听音乐，有些喜欢看画册，可以根据孩子的爱好选择。同时，要增加户外活动的时间，让孩子多接触大自然。

4. 孩子会爬、会走了，怎么玩

（1）八九个月，孩子基本上都会爬了。这时候，他们喜欢拿起或吞下家里的日常用品，家长不仅要做好看护和陪伴，还要将可能造成危险的物品放在孩子接触不到的地方，避免误服、摔伤、误入等伤害。这个阶段，可以让孩子玩些大型的游戏用品，比如：滑梯、秋千，也可以让孩子推着箱子走。这些游戏可以锻炼孩子全身的肌肉，为以后站立和行走做准备。

（2）十一、二个月，多数孩子都能站立了，有些甚至可以行走。这个时期可以陪孩子玩球类、绳子等游戏，以及可以钻进去的箱子。不过，玩绳子时，孩子容易误伤自己，家长要做好看护，不要让绳子勒到孩子。孩子若在平地上摔倒，通常问题都不大，但要尽量少让孩子在凹凸不平的地上玩，一则因为他们走路不太稳，容易摔伤；二则是因为磕伤的损伤比普通的皮肤擦伤更严重。

两岁：孩子身体的协调性逐渐增强

随着孩子的发育，到两岁的时候，身体的协调性会大大提高。

孩子协调性发展的脉络如下：

1岁以后，孩子就能从地上用拇指和食指捡起小物品，例如纽扣等。家长用铅笔或蜡笔在纸上涂写一番，孩子还能接过家长递过来的铅笔，学着大人的样子涂写。

15个月以后，孩子只要用一只手，就能拿起两个以上的物品。如果家长给孩子做示范，一块一块地把积木摆高，孩子也会有样学样，一块块地垒积木。此外，孩子还喜欢翻弄衣物，喜欢把不同形状的物体拼在一起；还可以独立吃东西，且不会弄得很脏；看到他人梳头，也会学着梳头。

18个月，孩子能够摆高积木，可以摆到4~5层；能够翻动书页，每次可能翻动2~3页。

两岁的时候，孩子的双手协调性已经非常好了，能够做出复杂的转手动作，例如，拧动门把手，把门打开，拧开瓶盖。这时候的孩子喜欢洗手，开始学习穿脱衣服，甚至还会试着穿戴上一些东西，例如鞋子等，但需要家长帮助。

为了促进孩子协调能力的发展，家长可以分阶段从以下几方面做起。

1. 13~15个月的孩子

当孩子13~15个月时，要引导孩子进行如下几个方面的锻炼：

（1）独立行走。这个阶段是孩子学走路的时期，开始他可能只是蹒跚走几步，但愿意经常走。家长要多给孩子提供这样的锻炼机会，逐渐拉长距离练习。可以跟孩子一起玩扔球、捡球、找东西等游戏，让孩子独自在地上玩，独自蹲下捡东西，独自站起，并稳定地独自行走。还可以让孩子拉着小拖车练习走路，学习拉着玩具侧着走和倒退走几步。

（2）上下楼梯。孩子能独立行走后，可以拉着他的手练习迈楼梯。开始时，孩子抬脚比较费力、身体不平衡，家长可以帮助他迈上楼梯，以后逐渐减少助力，让孩子依靠自己迈上楼梯，下楼梯也是如此。这一时期，孩子还不能很好地掌握身体平衡，家长只要拉着他感受高和低的感觉即可。

2. 16~18 个月的孩子

当孩子 16~18 个月时，要引导孩子进行下面几方面的锻炼：

（1）上下楼梯。要鼓励孩子自己扶着栏杆迈上楼梯。开始时，要对孩子做好保护，先从 2~3 阶楼梯开始练习，家长可以在上边用玩具或食物逗引，并给予孩子鼓励，使孩子逐渐增加力量，自己扶着栏杆迈上多阶楼梯。待孩子能稳定地扶栏上楼后，就可以教他学习下楼梯，先扶着孩子练习，然后引导他自己扶着栏杆迈下楼梯。需要注意的是，下楼梯不太容易掌握且较危险，家长要多加注意。

（2）自如行走。可以跟孩子在地上玩多种游戏，比如，球是孩子最喜欢的玩具，可以跟孩子相互扔球、接球、滚球、踢球等，让孩子在独立行走中学会自如地做各种动作。还可以让孩子推着婴儿车玩，教他推车前进、后退、转弯等，使孩子行走更加熟练和稳定。

3. 19~21 个月的孩子

当孩子 19~21 个月时，要引导孩子进行下面几方面的锻炼：

（1）跑。孩子刚学会走路，踉踉跄跄，迈步速度显得比正常走路要快，但那并不是跑，而是自己还不能很好地控制身体的缘故。要鼓励他练习，逐渐地使他能较稳定地、协调地跑，速度可逐渐加快。此外，还可以教孩子转弯、绕障碍物跑等。

（2）倒退走。倒退走也是孩子运动稳定、协调的表现，可以跟孩子一起玩拖拉玩具或一些游戏，让孩子练习持续地倒退走。

4. 22~24个月的孩子

当孩子长到22~24个月时，要引导孩子进行下面几方面的锻炼：

（1）上楼梯。这时候，孩子已经能自由地活动了，只不过有时动作还不够灵巧，身体的平衡性还差一些。为了使孩子的本领增强，可以训练他独自上楼梯。开始时，孩子可能有些胆怯，家长要多鼓励，让他看到自己的能力。经过这样的锻炼，孩子就有了信心，可以稳定地独自上楼梯。初期训练时，可以从少数几阶楼梯开始，以后逐渐增多。

（2）双脚跳。这时候，孩子可以学跳了。为了鼓励孩子练习双脚跳起，可以让孩子玩青蛙跳跳、小兔蹦蹦等游戏。开始时，孩子可能双脚不能同时抬起，家长可以给孩子做示范。还可以让孩子跳起拿一些东西，训练他双脚同时抬起、跳离地面。

3岁：孩子的情绪体验更加丰富

孩子也是有情绪的，尤其是3岁的孩子，情绪变化波动会更大。1~2岁的孩子，笑的时候就像天使，哭的时候就是魔鬼；到了2~3岁，孩子基本上都能用语言表达自己的情绪了，生气时他（她）会告诉你，但他

（她）的脾气会越来越坏。

1. 1~3 岁孩子的情绪发展

（1）1 岁孩子的表现。在 1 岁的多数时间里，孩子都无法正确区分自身和他人。模糊的知觉和来自情境的刺激，让他们无法弄清楚谁在体验这种情绪。多数时候，他们会觉得自己的行为就像是他人身上发生的，看到其他婴儿落泪，他也会哭。

（2）2 岁孩子的表现。2 岁时，孩子的自我意识开始萌芽，能意识到自己与他人的不同，知道是他人而不是自己在体验，但也容易造成困扰。他们之所以会为他人提供帮助，有时是为了缓解自己的悲伤，可是因为角色采择能力发展受限，自然也就不知道合适的帮助他人方法是什么。在他们感到难过的时候，只要妈妈拿出心爱的洋娃娃哄哄，他们就会消除负面情绪，所以孩子也会用自己的方式去安慰家长。

（3）3 岁孩子的表现。3 岁的孩子已经能正确区分自己和他人，能对他人的感受进行推断，继而做出更多的反应，对他人的快乐和悲伤产生移情反应。随着语言的发展，孩子不仅能通过表情产生移情，而且还可以通过他人的描述产生移情，比如，看电视、读故事时，对主人公产生同情或憎恨等情绪。他们能用熟练的方式来帮助他人，看到其他小朋友摔倒了，他会给他吹吹，安慰他，说几声“不痛”、“不哭”等。

2. 1~3 岁孩子的情绪体验

孩子 3 岁后，随着生活范围的扩大，以及生活内容的丰富，对人和事的体验也越来越丰富，喜、怒、哀、乐、惧怕、痛苦、厌恶等逐渐发展起来。这时候，他们会出现多样、复杂的情绪体验：与亲近的人交往会产生愉快情绪；受到责备时，会感到烦恼、羞愧、惧怕等；看到他人受伤，会产生同情感；受到他人夸奖，会产生满意感；在不正确的教育影响下，会产生嫉妒、怕生、怕黑、独霸、小气等。

（1）害怕。0~3 岁孩子害怕的事物一般都是局限于具体环境中的事物。1 岁后，对突来的巨响、陌生的事物、母亲离开身边等，会觉得害怕。两岁时，这种惧怕情绪会逐渐增强，主要是听觉的，比如，车的声音、雷声、动物叫声；还有视觉上的恐惧，比如，庞然大物的出现、卡车的靠近及黑暗等。3 岁时，视觉上恐惧的事物增加，肤色不同或面有皱纹的老人、假面具、黑暗、动物、母亲或父亲外出等都会让孩子感到害怕。尤其是到了晚上，更害怕一个人睡，会想床下有没有妖怪，喜欢家长的陪伴。

（2）嫉妒。嫉妒是针对人的情感，一岁半的时候会从苦恼中分化出来。在与同伴交往中、一旦有人受到表扬，孩子就会产生嫉妒情绪，表现为：好撒娇、好哭、不吃东西、破坏玩具、晚上尿床、精神恍惚、依赖性强、丧失玩耍的兴趣等。同时，还会发怒。3~4 岁时，这种嫉妒情绪会出现高峰，为了吸引家长的注意，会做一些捣蛋的事，比如，碰撞其他孩子、抢夺玩具等。

（3）哭和笑。1 岁以后孩子笑的功力大增，不同情境会展现出不同的微笑，比如，对家长呈现的是“脸颊上升”的微笑，对陌生人是“无声”的微笑，在快乐的游戏中会展现“张开嘴”的微笑，玩玩具时会用笑声表达快乐。孩子的泪水也很多，哭泣是他们最常用的情绪表达方式之一。而且，这时哭泣已经发展成一种社会行为，家长接收到他所传递的信息，他就会停止哭泣。

（4）生气。随着进入语言爆发期，孩子情绪的表达和理解能力得到巨大发展。家长冲孩子喊叫，两岁的孩子也会大喊大叫：“我非常生你的气，我要走了，再见！”伤心的孩子可能会依偎在妈妈身边说：“妈妈，我很伤心，我哭了。”这种变化不仅能让家长更好地理解孩子的内心世界，孩子的情绪世界也变得更为广阔。从情绪调节的角度来说，这个阶段正好是家长教孩子如何面对怒气的好时机，可以直接告诉孩子：“生气、沮丧是正常的，每个人都会，孩子有、家长也有”“生气了，可以做……不能做……”“生气是暂时的，过一会儿，孩子还会很开心的”。

第二章
人性本善：有爱心的孩子，才能拥有好性格

◆让善良的种子在孩子的心中发芽

俗话说“人之初，性本善”，在孩子0~3岁的时候，家长都会教孩子要善良，要求孩子在和他人交往的时候尽量让着他人，这是正确的。

公园里，一位年轻的妈妈正带着女儿玩。女孩看起来3岁左右，手里拿着一个漂亮的小飞机，玩得不亦乐乎。旁边还有一对正在玩耍的父子，男孩看了女孩的飞机一会儿，跃跃欲试，想要自己动手玩。男孩走过去，说了自己的请求，结果被女孩拒绝了，男孩便直接动手去抢。

女孩把飞机藏在身后说：“这是我的飞机，你只能看，不能玩。”男孩眼看着就要哭了，男孩爸对女孩说：“你看小弟弟都哭了，让他玩玩你的玩具，好吗？”

女孩似乎感到很紧张，她不知所措地看了看妈妈，似乎也要哭了。但是，她依然倔强地说：“这是我的飞机，不是你的。”

女孩妈觉得有点尴尬，走到女儿的身边，想要劝说，但是看着女儿委

屈的样子又不忍心，最后认真地对小男孩说："小弟弟，这是姐姐的玩具，你想玩就要先征求她的同意。现在姐姐也要玩，你不能抢。"然后，她又对男孩的爸爸说了句"不好意思"，就带着女儿离开了。

不可否认，这位妈妈的表现是正确的。从小到大，大孩子都会被家长要求要听话懂事，要让着弟弟妹妹，要像孔融一样让梨给弟弟妹妹。只要弟弟妹妹哭了，家长就会责怪大孩子，觉得是大孩子没有让着弟弟妹妹或欺负了他们。其实在很多时候，是小孩子仗着家长的宠爱，抢夺哥哥姐姐的东西，家长的行为很容易对大孩子造成伤害。

其实，不管孩子多大，终究都是孩子，家长绝不能为了小孩子就随便伤害稍大点的孩子。孩子的玩具是他自己的，他拥有处理权，愿意给谁玩，不愿意给谁玩，都是他的自由，家长不能干涉。

如果孩子将自己喜欢的东西给他人是开心的，才是真正的善良。如果是被迫的行为，家长就是在用善良的名义绑架孩子，这不仅不是真善，还可能在孩子的心中埋下怨恨。

善良的孩子，会受到爱怜；善良的人，会受到尊敬，会得到更多的帮助。因此，从小就要让孩子有一颗善良的心。

1. 让孩子接触小动物

0~3 岁的孩子，很容易跟有生命的动物成为一家人，容易跟小狗等动物产生融洽的关系。孩子会抚摸它，会跟它对视，会跟它产生一种感觉，会喜欢上彼此。似乎动物懂孩子，孩子也懂它。他们会蹲在地上看一只鸡、会让妈妈买一只小鸭回家、会养一只小猫或小狗。雨后，孩子还可能在台阶上寻找爬行的蜗牛和蚂蚁。在跟动物接触的过程中，孩子会关心动物的一切，甚至自告奋勇地照顾小动物。小动物饿了，不用家长提醒就会喂食。小动物生病了、受伤了，他们会掉眼泪。

2. 带孩子接触大自然，感受生命

要想让孩子知道生命的世界，就要带着孩子去公园。在公园里，孩子不仅可以看到动物，而且还能发现草丛中飞出的蝴蝶。如果运气好，偶尔还会碰到一只缩成一团的刺猬；在路旁的石缝里，还会发现一群繁忙的蚂蚁……让孩子充分接触大自然，渐渐地，孩子就会对生命产生一种敬畏之心。

3. 给孩子多读关爱的故事

要想让孩子变得善良，可以给孩子讲些关爱的故事。故事内容可以是，人与动物的互爱、关系中的温馨、成长中的支持等。受这些故事的熏陶，孩子就能在生活中看到自己和他人的关系、人和人的关系、人和自然的关系、自己和事物之间的关系，继而受到感染。

◆培育、保护孩子的同情心

同情，不是居高临下的恩赐，不是装模作样的慈悲，而是人与人之间的和谐联结，是同情者与被同情者之间同等的情感流动。同情心是人的天性之一，要想让孩子做个有教养的人，首先就要培养他们的同情心。

凡茜刚 1 岁半，虽然是个小女孩，但非常喜欢动手，似乎天生有一种攻击欲。凡茜喜欢撕扯家里养的花花草草，经常会将漂亮的植物撕得乱七八糟。她还喜欢家里养的小猫，经常会将猫毛一撮一撮地拽下来，拽得小猫直叫唤。跟小朋友在一起的时候，她还喜欢拿手打他们，甚至用嘴咬他们。

3岁之前，孩子还不会说话的时候，有个阶段就会经常咬人和打人，其实是在发展他的口、齿和手的功能。但是，如果不进行正确引导，孩子就可能朝着错误的方向越走越远，变得缺乏同情心，养成自私、冷漠的性格。

同情心是一种重要的人格品质，不仅能够使人维持和谐的人际关系，还能形成集体凝聚力，看到他人遭遇不幸的时候，有同情心的人就会产生共鸣；当他人有了困难的时候，有同情心的人也会主动向他们提供帮助。

有同情心的孩子，会站在他人的角度看待问题，愿意为他人提供帮助，也会有一个好人缘。不管是对小动物有同情心，还是对植物有同情心，都是孩子同情心的表现。对于孩子的同情心，家长要多鼓励，不要对孩子的同情心进行打击和嘲笑。

俗话说三岁看大，只有孩子意识到自己的不良习惯时，才能建立起初步的同情心。如果孩子以自我为中心、没有同情心，多半会发展成一个小霸王，最终伤害的只能是他自己和家长。俄罗斯著名剧作家罗佐夫说过："应当善于同情，而不是善于严惩"，因此，在日常生活中，家长要注意培养孩子的同情心。

1. 同情心发展阶段

同情心是孩子在成长过程中获得的一种情感反应。研究表明，其发展过程分为三个阶段，因此也分为三种类型。

（1）感染型同情心。这种同情心产生于婴儿出生 3 个月左右。婴儿听到其他孩子哭时，会感到不安，继而产生同情，出现移情反应，并跟着哭闹。9 个月时，看到其他孩子跌倒，他（她）也会因为同情而在妈妈的怀抱里寻找安慰，好像受伤的是他自己。这一阶段的婴儿自我意识还没有萌芽，无法区分自己与他人，喜欢将他人的痛苦当作自己的痛苦。

（2）简单抚慰型同情心。婴儿长到 1~2 岁时就已经能清楚地分辨自己和他人的痛苦，并具备减轻他人痛苦的本能。比如，15 个月的婴儿看到其他婴儿哭，也会瘪着小嘴想哭，会拿出自己的玩具去安慰哭泣的孩子，或给哭泣的孩子擦眼泪，以此来表示他的同情心。但是，由于认知能力不成熟，这个年龄段的孩子很容易出现同情心混乱的状态。比如，哭闹的孩子被家长抱走，孩子失去了安慰的对象，为了表露自己的同情心，他们可能会抱着自己的玩具小熊哄哄。

（3）理解型同情心。3 岁以后，随着语言的发展，孩子会更多地运用语言来表示自己的同情心。他们对痛苦的情绪也更加理解，会深入理解他人伤心的原因，并说出不同的安慰话。

2. 如何培养孩子的同情心

为了让孩子具有同情心，家长要从以下几方面开始培养：

（1）让孩子进行角色置换。所谓角色置换就是，让孩子去感受他人的悲欢苦乐，如果他人遭受不幸，让孩子设想自己就是那个不幸者，体验不幸者的感受。例如，孩子把一个小朋友推倒在地，小朋友的额部起了个青疙瘩，大哭不止，这时就可以问孩子："要是他人把你推倒，额上起个大疙瘩，你痛不痛？"孩子只要一想象，就能与受伤的小朋友互换位置，心理上或生理上就会感到疼痛，就会将他人的不幸当成自己的不幸从而改正错误。

（2）引导孩子关心他人、帮助他人。在日常生活中，家长要引导孩子关心和帮助他人。小朋友摔倒了，鼓励孩子把他（她）扶起来；伙伴的彩笔丢了，让孩子主动借笔给他（她）；邻居奶奶提着满满一篮菜，让孩子上去搭把手；长辈生了病，让孩子热情地送水、递药。对于孩子的这种表现，家长要及时进行肯定与鼓励，如此，不仅可以强化孩子的良好行为，还能让孩子体验到关心与助人的乐趣，进而增强同情心。

（3）引导孩子厌恶残忍、爱护弱小。有些孩子虽然年龄小，却很残暴，不是揉烂鲜花，就是折断树苗，要不虐待雏禽，残害小动物。这些都是严重缺乏同情心的表现。培养孩子的同情心，不仅要让孩子对残忍的事产生心理和生理上的反感，还要使孩子产生保护弱小的心理和习惯，即使是一棵小草、一只蚂蚁、一只伤残的小鸟，也应当珍惜爱护。

（4）培养孩子爱护物品和小动物的品德。调查表明，在日常生活中，爱护物品和小动物的孩子，多数都具有强烈的同情心；随意拆砸玩具、物品、摔打小动物的孩子，都缺乏同情心。所以，要想培养孩子的同情心，就要让他们爱护物品和小动物，纠正孩子有意损坏物品、残酷对待小动物的行为。

（5）让孩子懂得分享。在食物和玩具方面，不要让孩子养成独食独占的习惯，要让孩子懂得与家长或朋友分享的道理。因此，家长要改变“孩子小应当吃大的、吃好的”观念，让孩子处于与人同等的位置，享用自己应得到的东西，不要优惠照顾；如果孩子喜欢贪占、个性自私，就要严加制止，使其改正。

◆培养孩子的爱心，不能忽视了感恩教育

在中央电视台“对话”栏目中，一位中国博士曾讲述过一个真实的故事：

一个中国学生到美国家庭交流，结果刚去不久，美国家庭就要求中国学生回去。中方感到很纳闷，孩子在各方面都很优秀，为何要其回去？问其原因，美国家长说，孩子在他家生活了一周，我们为他提供了很多帮助，他却连一句“谢谢”都没说过。中国学生却告诉中方代表，他认为他们为他做的任何事情都是应该的，在中国家里，爷爷、奶奶、爸爸、妈妈等都会为他做事，都不用说“谢谢”。

不可否认，该学生之所以会被要求返回，就是因为缺少感恩之心，认为他人的付出都是理所当然。

中华民族有着五千年的文明历史，一代又一代传承下来的感恩与孝道，一直被世人所赞扬。让孩子学会感恩，在感恩中成长，对孩子的一生都非常有利。0~3 岁的孩子处于发展性的以自我为中心阶段，会表现出小气、霸道等现象，家长要了解孩子的这一特征，抓住孩子日常生活中的行为进行积极的引导，培养其感恩意识。

谁言寸草心，报得三春晖！记住：感恩教育要从孩子抓起，孩子幼小时期的感恩教育是后期进行感恩教育的基础。

1. 重视榜样的力量

中央电视台曾出现过一个精典的孝亲广告：母亲给奶奶洗脚，孩子在门外偷看。晚上母亲下班回到家，年幼的孩子搬着洗脚盆进了房间，对劳累了一天的妈妈说："妈妈，洗脚！"在孩子的眼中，家长的一言一行都是他们学习的目标，家长孝敬老人、懂得感恩，孩子就跟着孝敬老人、学会感恩。家长对感恩的言传身教，会让孩子成为一个懂得感恩的好孩子。

2. 为孩子营造感恩的机会

要让孩子学会感恩，就要给孩子感恩的机会。孩子向家长说"谢谢"，家长却完全不在意，或当作没事一样，都会直接影响到孩子感恩意识的培养。家长应该给孩子营造感恩的机会，比如，孩子遇到困难需要帮助，家长可以提供帮助，之后提醒孩子应该怎么说、怎么做。

3. 利用具体情景教育孩子

一两次的口头教育，也许并不能让孩子明白什么是感恩，遇到具体场景或实例时，孩子就多了一次学习和体验的机会。比如，爷爷奶奶在家里做好饭菜，家长下班后就能吃上可口的饭菜，家长要对老人表示感谢，并让孩子主动去盛饭。这就是很好的实践教育。

4. 不要让孩子吃"独食"

从小让孩子吃"独食"，会让他觉得自己吃好东西、拥有好东西是理所应当的。孩子习惯了被给予，只知道索取，就很难在以后的生活中考虑他人的感受。孩子不懂得关爱他人、关爱家长，将来就很难成为一个有爱心的人。

5. 不要让孩子拥有得太容易

对孩子提出的要求，家长要先思考一下是否合理。如果不合理，就要坚决拒绝，并告诉孩子为什么不合理。不要对孩子想星星就给星星，想月亮就给月亮，应该让他自己去争取自己需要的东西。同时，家长也不要给孩子太多的承诺。家长总想给孩子最好的食物和衣物，总想为孩子提供最好的生活条件，时间长了，孩子就会觉得一切都来得很容易，甚至认为这些都是自己本来就应该拥有的，于是也就不懂得珍惜了。

6. 给孩子讲讲自己工作的艰辛

工作都不容易，可是即使在单位很累，回到家的家长也会给孩子一张笑脸。其实，告诉孩子一些自己的苦恼，孩子也会在体谅和感恩中渐渐长大。

◆引导孩子关心他人

一天，一家四口出去玩，买了一些水果和零食准备下午吃。

玩累之后，一家人坐在草地上，开始就餐。

爸爸掰了一块面包，问3岁的大宝：“这个给谁吃？”

大宝指着弟弟说：“给弟弟吃。”

爸爸掰了第二块面包，又一次问大宝：“这个给谁吃？”

大宝指着妈妈说：“给妈妈吃”。

爸爸掰了第三块面包，第三次问大宝：“这个给谁吃呢？”

大宝说：“这块是我的。”

爸爸提醒大宝说：“爸爸还没有吃哦。”

大宝立刻说：“那给爸爸吃。”

爸爸掰了第四块面包，问：“这个给谁吃呢？”

大宝说："这个给我吃。"然后，才开开心心地吃起自己的面包。

大宝才三岁，已经懂得把自己喜欢吃的东西先分享给弟弟和爸爸妈妈吃，确实是一个懂得关爱他人的好孩子。

有爱心且知道努力的孩子，才能乐观地应对生活中的苦辣酸甜；懂得关爱的孩子，更招人喜爱。

孩子生下来，都会在大人的关爱下慢慢成长。他感受到爱，就会学习爱，就会学着如何去爱；感受到被爱，就会给予他人爱。在大人关爱他、理解他、答应他合理的要求的基础上，给他设些限制，也是爱的一部分，孩子也愿意接受。孩子不能只索取爱，还要付出爱，但是不要伤害他人。

在孩子的早期教育中，家长对孩子宠爱有加，久而久之，孩子就会养成"一切以我为中心"的习惯，不知如何去关心他人，不会关心他人。对孩子将来的性格及人际关系的发展都会带来不利影响。因此，在孩子 0~3 岁的时候，就要教他们如何关心他人。

1. 用生动形象的方式对孩子进行正面教育

在孩子 0~3 岁阶段，家长一般都会教他们唱儿歌《我的好妈妈》，亲切感人。但重要的是，不仅要让孩子会唱歌，还要按照歌词讲的去做。看到孩子模仿他人来关心人时，要及时给予肯定和表扬，使他逐步感受这样做带来的快乐。同时，还要多给孩子讲这方面的故事，多教孩子一些儿歌。经过长时间的熏陶，孩子就会逐步建立道德意识和培养出道德情感，不仅会想到长辈，也会关心小伙伴。

2. 给孩子提供为他人服务的机会

很多家长看到孩子高兴就满意，看到孩子伤心就不安，有些老人对第三代的爱胜过对自己的孩子的。其实，百依百顺反而容易让孩子对长辈不尊重、不爱护。对两三岁的孩子，长期溺爱，很容易产生不良后果。例如，每次分苹果，爷爷都婉言拒绝，并说“爷爷牙齿不好，囡囡自己吃”。反复几次之后，孩子就会不再想着爷爷，并补上一句“爷爷的牙齿坏了”。因此，家长不要只关心孩子，更要让他们从小就知道家长养大自己的不容易，懂得感恩长辈。

3. 孩子的自私行为萌芽时，不能忽视

举个例子，为了让孩子们一起玩耍，小区的几个家庭结对子，平时只要有时间，大家就凑在一起玩。后来，一个家长建议，让孩子们拿出自己的玩具供大家一起玩。可是，多数孩子都不愿意拿出自己最喜爱的玩具，即使带来了也是破旧的玩具，这样的孩子就有些自私了。发现孩子的自私行为，家长要重视，否则不利于孩子的成长。

第三章
健康阳光：内心充满阳光，才能更乐观、更自信

◆帮助孩子克服害羞心理

从出生到3岁左右，多数孩子都会经历心理上的“认生期”，面对陌生的人或环境，觉得自己被他人审视，就会产生失控感，继而引起内心的不安和恐惧，下意识地拒绝面对的那个人（环境），潜意识就会促使他们产生一种把自己藏起来的愿望，以此来保护自己。但每个孩子的认生期都不一样，这种心理会随着个人的成长而自然产生，或早或晚，有些孩子的认生甚至还会在一夜之间就到来。孩子认生怕生，家长不要着急，因为认生是孩子建立独立意识的必经路程，也是成长时期的孩子出于本能的自我保护之一。

网络上，曾看到过一位家长的苦恼：

我女儿35个月，从两岁以后，就变得十分害羞。虽然表达能力比同龄的孩子强，但总是害羞。她只跟熟人说话，遇到不太熟的人，从来不会像其他孩子那样说“阿姨好、叔叔好。”他人给她零食，她从来不要；就

算接受了，她也要回到家才吃。星期天我带她去办公室，她就像是奔赴刑场一样，即便办公室内没有其他人，也要我抱着。

最近我甚至觉得，一向活泼开朗的孩子突然变得内向怕生了。原来看到人就打招呼，现在见人就往后躲；原来特别喜欢去外面玩，现在就愿意窝在家，一带她出门，都会哭着闹着不出去。

在家里说得好好的，一到外面，就哭闹；一回家，又开始活蹦乱跳。问她怎么回事？她就说"害怕。"小时候孩子见人就亲，现在却见人就怕，怎么越长越回去了？

随着孩子的逐渐长大，他们的自我意识会逐渐增强，就会越来越想控制世界。有些孩子会拒绝陌生人抱他（她），但不拒绝到公共场合；有些孩子不仅拒绝陌生人，也拒绝去公共场所。这些都不用担心，只是这个孩子天生对害羞和压力更加敏感而已。也可以这么说，当一向外向活泼的孩子突然变得敏感害羞，或许只是他突然暴露了内心的敏感而已。

孩子害羞内向，并不意味着长大后依然会如此。家长的教育方式、社会环境以及机遇，都会对孩子的性格产生影响。面对害羞内向的孩子，最好的做法就是：改变对孩子的养育方法。

1. 允许孩子害羞

在家长眼中，打招呼是一种教养和礼节，但在孩子心里，不打招呼根本不影响彼此之间的关系。因此，不要急着让孩子成为我们想要的样子，更不要用非常手段来逼迫孩子，否则会让孩子陷入家长制造的压力里。相反，要允许他们害羞，让他们活出最真实的自我。

2. 多带孩子出门玩

要想减少孩子的害羞的发生，就要带孩子去亲戚家、超市、商场、动物园等各种场所尽量多带孩子出去玩，接触不同的人，但不要硬性要求孩子叫人，要让孩子慢慢适应，大胆表现自己。从孩子喜欢去的场所开始，慢慢地向陌生场所扩展。当然，为了让孩子安心，要把孩子最爱的玩具带上，让熟悉的东西陪在孩子身旁。

3. 帮孩子克服害羞

在生活里，为了帮孩子克服害羞和恐惧，可以为孩子找到属于他们的“恐惧转移替代品”，引导他们勇敢地面对挑战；要为孩子提供情绪出口，让他们克服害羞和恐惧。

4. 家长要多鼓励孩子

孩子做错了事情，要耐心地跟孩子讲解，不要动不动就训斥，否则容易打击孩子，伤了孩子的自尊。当孩子表现得不自信时，要鼓励他们勇敢地去做，给孩子打气。

5. 不要当面说孩子害羞

不要让孩子觉得害羞不好，一直当着孩子的面说这样的话，孩子就会觉得自己确实是个害羞的孩子，就会自卑。

6. 给孩子讲一些关于性格养成的故事

0~3 岁的孩子，都喜欢听故事。而故事就是孩子接受世界的开始。因此，要是想让孩子不再自卑，可以给他们讲些性格培养的故事，比如，讲些主人公勇敢的、大胆的、不害怕失败的故事，鼓励孩子大胆一些、不害羞。

◆让孩子信任自己

2~3岁，是孩子的自信初步养成的阶段。2~3岁，孩子开始控制自己的身体机能，尝试做一些事情，比如：大小便、吃饭、穿衣服等。在这个阶段，家长要鼓励孩子去自我尝试和选择，促使他们更加信任自己。

生活中，总能看到这样的情景：

孩子开始尝试自己吃饭，吃得到处都是，有的家长会坚持让孩子自己吃饭，使孩子得到锻炼。通过吃饭这件事，孩子就会慢慢知道："我的手可以拿起食物放到嘴巴里"。孩子的自信就会慢慢建立起来。

有些家长会指责孩子："哎呀！怎么吃得到处都是？算了，我来喂你！"如此，家长就剥夺了孩子尝试的机会。时间长了，孩子就会觉得自己没用，即使自己能做到，他们也不愿意尝试了。

有些家长会一味指责批评孩子："都说了不要自己吃，就是不听话！看吧，搞得乱七八糟的！"

孩子开始尝试，做得不好，爸妈如果不满、指责和批评，长大了，就会习惯性地讨好他人，怕他人不喜欢他（她），担心他人批评他（她），喜欢看他人的脸色做事，会觉得他人的意见非常重要。从一定程度上来说，自信与否会对人们的做事动机、态度和行为等造成影响。

自信心强的孩子一般都比较乐观，自我感觉较好，喜欢与他人交往，愿意追求新的事物，不会轻视自己。反之，缺乏自信心的孩子通常都比较悲观，总觉得“我不行”或“我什么事情都做不好”等，处于被动、抑郁和孤独的状态。

孩子的自信会在两三岁时出现，当孩子学着用汤勺将饭放进自己嘴里时，就会产生“我能做到”这种心理。孩子把自己放得很低，存在感就会变得很少。所以，在2~3岁阶段，家长要尽量鼓励孩子多做尝试，让孩子积累经验，获得更多自信。

1. 孩子有没有自信，2~3岁就能看出

2~3岁，如果孩子出现以下几种表现，就说明孩子缺乏自信：

（1）爱哭。孩子出生后，在吃饱穿暖的前提下总爱哭闹，不仅要观察孩子的生理需求，还要注意孩子是不是对周围的环境特别敏感。这时的孩子需要安全感，家长要格外关注，因为安全感的得到是建立在孩子自信的基础上。

（2）怕生。带孩子出去玩时，要观察，看看孩子能否容易地融入其他小朋友中。如果发现孩子很怕生，就要多注意了。要多鼓励，多给孩子力量。

（3）否定自己。孩子跟其他小朋友一起玩时，如果孩子有热情但不积极，就说明孩子很想表现，但出于对自己的否定，不得不放弃，这种情况家长一定要引起重视。

2. 孩子缺乏自信对成长有不利影响

孩子缺乏自信，就会对他们的成长造成不利影响。

（1）容易被困难打倒。孩子的能力不在于他能取得多大的成绩，而在于处于低谷时的反弹力度，而这个力度就来自自信，来自内心的那份底气。底气有多大，反弹力度就有多高，不自信的孩子，心里一般都没有底气，面对挫折时，容易被击垮。

（2）容易自我否定。没有自信的孩子每天都会活在自我否定中，他们会在心里暗示自己“不行”，在以后的成长中，会失去很多机会。同时，他们的内心又极度渴望成功，很容易产生自卑感。

（3）面对困难容易退缩。不自信的孩子，内心没有勇气，面对自己不熟悉的问题时，态度会消极，他们的第一反应不是尝试，而是放弃。在以后的成长中，面对挑战，很容易退缩。

3. 2~3 岁是孩子自信培养的关键期

要想培养孩子的自信，就要抓住 2~3 岁这个关键期。

（1）满足孩子的生理需求。孩子长到 2~3 岁时，家长要小心呵护，要尽量满足孩子的生理需求。平时，要留意孩子的喂养，当孩子提出要求时，要及时满足，给孩子以舒适的安全感；同时，为了让孩子健康成长，还要让孩子养成良好的生活习惯。

（2）满足孩子的心理需求。如果孩子不信任自己，家长要及时给予安慰，特别是孩子受到委屈时，更要给出情感的关爱。孩子心里得到安抚，内心才会产生安全感。

（3）注意孩子说话的语气。如果孩子做得好，要表扬；孩子做出努力，即使没有达到预期的目标，也不要说“下次努力，争取做到”，应该说“没有做到，也没关系，你已经做出了努力，很令人满意”。

（4）对孩子流露出发自内心的爱。如果孩子表现不错，就要将他（她）抱在怀里告诉他（她）你为他（她）而骄傲，经常性地、真诚地给予表扬。

（5）营造良好的家庭氛围。孩子在家里没有安全感或受虐待时，容易失去自信心，比如，家长经常争吵。要想让孩子自信起来，就要营造良好的家庭氛围，让家成为孩子的避风港。

◆培养孩子乐观积极的心态

不同性格的孩子遇到情绪问题的时候，态度是截然不同的。一般来说，性格开朗的孩子遇到不如意的事情时，能够更好地消化；性格内向自卑的孩子，则喜欢把坏情绪都压抑在心里，一旦积累起来，就会爆发。在孩子 0~3 岁的阶段，家长的主要任务之一就是让孩子变得积极乐观。

有个女生很乖巧懂事，其实内心却非常痛苦，因为家长对她的要求非常严格，还对她有着极强的控制欲，如果考试成绩不好，就会指责女孩。为了不让家长失望，女孩学习非常努力，考试也不敢轻视半分。

后来女孩产生了巨大的心理压力，期中考试的成绩后退了很多。她觉得无法面对，为了消除内心的痛苦，她便跳楼了。幸亏那天家长下班回来得早，才没有酿成惨剧。

这一事件发生后，网络上出现了很多评论和留言。有些人觉得女孩心理脆弱，责怪家长给她施加的压力太大。但作为家长，都希望自己的孩子成绩能更加出色，会给孩子寄予一些厚望，给他们一些期待。这些原本都正常，女孩之所以要用跳楼这种极端的方式来结束一切，只能说明她的性格本身就存在问题，心态太过消极。

这种事情网络上有很多，很多孩子扛不住学习的压力都选择轻生。但这种事情多半都发生在心态消极的孩子身上，性格开朗的孩子都懂得调节自我情绪。

对孩子的性格分析，一般会把三岁当成是一个分水岭。因为孩子三岁后，心理感受和语言表达能力与三岁前都是截然不同的；同时，自我意识开始发展，家长说的话多数都能听懂。这时候，家长就要培养孩子的情绪控制能力，对孩子多加引导，不能迁就和纵容孩子。

孩子情绪的处理问题跟孩子的性格有着直接联系，孩子将来的性格会怎么样在三岁之前多半可以确定，所以家长要培养孩子的积极心态。那么，作为家长，应该如何培养孩子的正面情绪呢？

1. 让孩子学会表达情绪

任何情绪的存在都有它的意义，所以不要畏惧负面情绪的出现，关键在于有了负面情绪之后懂得以正确的方式宣泄，比如，可以让孩子听音乐、跑步、做运动、旅游等。孩子产生了负面情绪后，要让孩子选择合适的方式去发泄，不能压抑自己。

2. 让孩子学会控制情绪

家长和孩子最大的区别在于能否更好地控制自己的情绪。0~3 岁的孩子，遇到不开心的事情时，多数都不会顾及他人的感受，会直接表达出来。这种宣泄情绪的做法会给他人带来困扰，家长应该引导孩子学会控制自己的不良情绪。

3. 给予孩子足够的关心

家长要腾出时间来观察孩子，给孩子足够的关心，让孩子感受到来自家长的爱，促使他们把负面情绪转化成正面情绪。

◆努力挖掘孩子的幽默潜质

所谓幽默感就是，通过语言或肢体语言等方式的表达，让对方感到愉快，有这种言行举止的人就是具有幽默感的人。拥有幽默感的孩子，一般都开朗乐观，在生活中会不断地制造欢笑，让周围的人感到轻松愉快，自己也会富有成就感和自信，也较容易获得友谊。

研究发现，幽默感从婴儿出生后的第一个月便开始产生了，比如：在家长的逗弄下，孩子会呵呵地笑个不停；1岁左右的孩子，会因为玩“藏猫猫”而狂笑不已。

出生开始，婴儿都是用哭声来表达他（她）对吃、睡眠和拥抱的需求，但这不是一种社会交流，直到满月后，他们才会做出人生的第一个微笑，才能传达出想要交流的讯息。

出生1个月后，孩子已经能够感应家长对他的逗乐行为，给予反馈性的微笑。研究发现，家长的鬼脸、可笑的声音会让孩子觉得有趣并兴奋起来。如果家长发出有趣的声音，他们的情感电波就会传递给孩子，孩子就会感到安全和满足，就会手舞足蹈地笑。

4~5个月时，无声的微笑会变成咯咯大笑，在接下来的半年里，孩子会逐渐理解幽默、快乐的含义。

6~7个月的婴儿，往往会发出更多的笑声，甚至会在喂食中伴随尖叫，这往往是进食愉快的表现。

9个月的时候，幽默感开始出现了。这时的孩子对他人的脸部表情十分敏感，并且自己还会故意做出一些怪异的鬼脸，比如：皱眉、噘嘴巴等，以引起家长的赞扬。此外，乱扔食物或是把玩具扔得到处都是也会让孩子兴奋地大叫。当将要发生的事情符合孩子的预期时，他（她）也会快乐地大笑。这种幽默感表明孩子已经抓住了事物的本质。

1岁时，孩子开始与他人交往，并学会玩“藏猫猫”之类的游戏。这类游戏能使孩子学会开玩笑、找乐子，并从中获得乐趣。

2岁时，孩子已经能理解较深层次的幽默、开心的情景，例如，妈妈把头巾蒙在孩子头上，让他（她）照镜子，孩子就会咯咯咯地笑起来；看到电视上的可笑画面，孩子也会咯咯大笑，甚至还会扭动身体，跳上跳下，兴奋不已。

3岁时，孩子喜欢“人来疯”，能使用言语技巧说一些逗乐的话，虽然有时说的话不太合适、让人无法理解。

生活中，人们都喜欢笑眯眯、爱笑的孩子，更愿意跟笑口常开的孩子亲近。孩子天生就具有某种幽默感，家长将微笑和幽默教育始终贯穿于孩子的生活中，更会使其终身受益，幽默感的后天培养非常重要。要想培养一个可爱、幽默的孩子，家长就要从以下几方面做起。

1. 告诉孩子何为幽默

两三岁的孩子已经具备基本的语言组织能力，并懂得表达自己的想法，会将生活中不一致的内容当成笑话，家长要告诉孩子什么是幽默感什么是恶作剧，不能将自己的快乐建在他人的尴尬和痛苦之上。跟孩子一起阅读有趣的图画书或故事书时，要跟孩子一起讨论幽默的话题，并教孩子辨别幽默和恶作剧。

2. 跟孩子玩互动游戏

孩子满一岁后，智力开始快速上升，这时已经具备简单的辨别能力，能大概了解事物之间的关联，懂一点幽默。3 岁以前是孩子幽默发展的关键期，家长要及时给予回应，不回应并忽视孩子的行为，会扼杀孩子的幽默感。可以跟孩子做一些象征性的互动小游戏，例如，拿起孩子的小脚丫当作电话，假装和孩子打电话聊天；戴上小动物的面具，跟孩子一起玩角色扮演的游戏。

3. 营造快乐的环境、氛围

（1）可以在家中留一块空地，挂上一块木板，贴上可爱的卡通画片、滑稽的生活照片等，并经常更新。

（2）可以与孩子一起阅读富有喜剧色彩的图画书，让孩子观看适合其年龄特点的电视、电影，鼓励他模仿其中令人捧腹的动作。

（3）时不时地对孩子做幽默的动作，比如：扮鬼脸、伸舌头等。

4. 鼓励孩子在生活中寻找幽默的素材

比如，晚饭后和孩子一起回忆白天的所见所闻，让孩子画出或说出有趣的情景。对孩子表现出的幽默或有趣行为加以渲染，孩子就会乐此不疲地寻找幽默。

第四章
活泼开朗：每个人都喜欢活泼灵动的孩子

◆不要让孩子整天宅在家里

有这样一幅画面：

楼下公园的石凳上坐着一个3岁左右的小姑娘，她长得白白净净，不过只要一看到陌生人，就会立刻低下头，拽着衣服角。平时总是有固定几个孩子在这里玩，突然多了一个小伙伴，孩子们都觉得很好奇，有个小男孩竟然还学会撩妹，蹲在小姑娘旁边"姐姐、姐姐"叫个不停，还拉着小姑娘的手，非让小姑娘加入他们的小战队。

小姑娘被吓到了，立刻站起来往年轻妈妈那边走。年轻妈妈对女儿说了几句话，然后走了过来，对孩子们说："我家孩子有点胆小，看见陌生人就会紧张，有时还会被吓得哭起来，从小就喜欢一个人玩，一出门就闹着回家，刚刚可能是一下子这么多小朋友围着她，她害怕了。你们还愿意邀请她一起玩吗？"

孩子们同意了，于是小姑娘也加入了他们的团队。

生活中，这类画面经常能看到：一个孩子孤零零地站在一边，其他孩子都在远处玩。其实，只要家长进行正确的引导，孩子就能大胆地走出去融入其中。

很多孩子都宁愿待在家里也不出来玩；即使出去了，也是一个人待着。这些孩子为何会这样呢？

如今电子产品日益发达，很多家长宁愿待在家里玩电脑、聊微信，也不想带着孩子外出散步。孩子哭闹、求抱抱时，他们会直接将手机、平板、积木等扔给孩子，结果家长、孩子人手一部电子产品。长此以往，孩子自然就会养成不喜欢出门的坏习惯，家长这个坏榜样妥妥地培养出了一个小宅孩。

有些孩子天生就比较内向，不喜欢和陌生人说话，喜欢自己一个人玩。而家长却没有意识到问题的严重性，听之任之，让孩子待在家里一个人玩。

家长须知，孩子需要跟外界接触，不能整天宅在家里。即使待在家里，也要让孩子动起来。家长具体该怎么办呢？

1. 新生儿期（出生 28 天后）时，孩子吃饱 1 小时后，可以进行俯卧练习，可以在家长的帮助下做 1~2 次婴儿被动操；还可以让孩子欣赏家长的脸庞，看看颜色鲜艳的玩具，听听悦耳的音乐。

2. 1~3 个月

为了锻炼孩子头颈部运动和控制能力，家长可以帮助孩子练习俯卧、竖抱、做被动操；同时，也要增进孩子的听觉、视觉和触觉刺激，让孩子听悦耳的音乐或玩带响声的玩具，用鲜艳的玩具吸引他们注意和跟踪。

3. 3~6 个月

这时候孩子的娱乐活动增多了，可以带领孩子一起看镜子、藏猫猫、寻找声音来源；鼓励孩子自由翻身、适当练习扶坐；让孩子多伸手抓握不同质地的玩具和物品，促进手眼协调能力的发展。

4. 6~8 个月

练习独坐和匍匐爬行；练习伸手够远处的玩具、双手传递玩具、撕纸等双手配合或手指抓捏的动作，提高手眼协调能力；可以叫孩子的名字，说出家中物品名称，培养孩子对语言的理解能力；引导孩子发“ba ba”“ma ma”等音，提高其对发音的兴趣。

5. 8~12 个月

按指令做出动作和表情，比如，懂得挥手“再见”；经常同婴儿讲话、看图画；练习手膝爬行，学习扶着物品站立和行走；发展手眼协调和相对准确操作的能力；增加模仿性游戏，比如，拍手“欢迎”、捏有响声的玩具、拍娃娃、拖动毯子取得玩具等。

6. 12~18 个月

多玩亲子互动游戏，比如，爬行比赛等；引导孩子玩功能性游戏，让孩子模仿给娃娃喂饭、拍娃娃睡觉等；给孩子讲故事、唱儿歌，教孩子指认书中图画和身体部位；让孩子独立行走、扔球、踢球、拉着玩具走等，提高其控制平衡的能力；鼓励孩子多做翻书页、盖瓶盖、用笔涂鸦、垒积木等游戏，提高其认知能力及手眼协调能力。

7. 18~24 个月

让孩子学习更多的词语，说出身边物品的名称或短语；让孩子区分大小、区分形状和颜色等；鼓励孩子扶着栏杆上下楼梯、踢皮球、踮着脚尖走和跑、握笔模仿画线、积木叠高等；培养孩子的生活自理能力，比如，用匙进食、用杯子喝水、脱袜子、脱鞋、在固定场所大小便等。

8. 24~30 个月

可以让孩子帮家长做一些简单的家务活动，比如，收拾玩具、扫地、帮忙拿东西等，促进其自信心的发展，激发参与热情；教孩子说出自己的姓名、性别、身体部位以及短句和歌谣；让孩子理解“里外”“上下”“前后”等空间概念；让孩子独自上下楼梯、单腿站，提高身体协调及运动能力；让孩子搭积木、穿珠子、系扣子、画画等，提高其精细动作能力。

9. 30~36 个月

让孩子玩“开火车”“骑竹竿”“过家家”等想象性和角色扮演游戏，保护和培养孩子的兴趣和想象力；让孩子双脚交替上楼梯、走脚印、跳远等，提高身体协调能力；让孩子画水平线、画圆形、扣扣子、穿鞋子等，提高精细动作能力；让孩子自己洗手、进食、穿衣、大小便等，学习生活技能。

◆让孩子跟其他孩子一起动起来

孩子学会玩游戏，需要经过几个阶段。0~3 岁孩子的智力发育决定了他不可能直接跳跃到某一阶段，只能一步一步走。所以，如果两岁多的孩子已经会观察小朋友玩游戏，并表现出一定的兴趣，就是很好的交往行为了，家长应该鼓励和理解孩子，不能一味地责怪他们。

女儿马上就要上幼儿园了，朋友们都说，等孩子上了幼儿园，就清闲了。可是没想到，周女士却感到非常焦虑，因为女儿平时不管是在家，还是当着亲朋好友的面，都是活泼的、开朗的、可爱的。但是，很少出去跟其他小朋友玩，即使是去了淘气堡，也是一个人躲在角落里玩。

周女士有些担心，女儿马上就要上幼儿园了，能跟小朋友好好相处吗？

现实中，像周女士女儿一样的孩子有很多，是孩子精神状态或心理出现问题了吗？不是。这种情况多数都出现在两三岁的孩子身上，至于具体原因，就要从孩子的游戏认知和社交发展内容说起了。

玩，是孩子自我发展的一部分。3 岁的孩子，跟自己玩，能玩得很好，就说明他（她）跟自己相处得还不错。而且，孩子一个人玩的时候，能清晰地表达出自己不愿意，就说明他（她）知道自己内心的真正感受。在孩子身上出这种表现，就说明他（她）是一个内心有力量感、坚定自我的人。

该年龄段的孩子之所以不喜欢跟其他孩子一起玩，是因为这样几点：

3 岁之前的孩子更喜欢做游戏的观察者而不是参与者，因为他们需要学习。所以，千万不要认为孩子这是不合群，更不能强迫孩子去和其他小朋友玩，否则会打断孩子观察学习的过程。

3 岁以前的孩子，根本意识不到和朋友一起玩耍的乐趣，更愿意与家长在一起。这种现象是正常的，并不是说孩子的社会性或语言发育方面存在问题，不用过于担心。随着孩子年龄的增大，社会性的不断增强，这种状况就会改变。

在 3 岁之前，孩子的社会性还没有得到发展，对“朋友”没有任何概念，虽然会逐渐认识到自己和家长是独立分开的两个个体，自己的活动范围也在不断扩大，但他们最重视的依然是家长，认为家长才是自己的朋友。当然，玩具对他们的吸引力更大，只要手里拿着有意思的玩具，即使其他小朋友坐在旁边，他们也不会理睬，而且会自己玩得很投入。

要想让孩子顺利地度过人际交往期，学会和同龄人交往，最重要的不是把孩子介绍给其他小朋友，而是让他（她）感受到更多的母爱。因为，只有得到爱，孩子才能爱他人；只有跟家长形成良好的依恋关系，孩子才会爱护其他小朋友。对此家长该怎么做？

1. 与孩子相处时，家长要宽容

孩子犯了错，如果家长自己无法排解情绪而责怪孩子，对于弱小的孩子来说，是非常不公平的。家长是他们来到世上最先认识的人，家长用什么样的态度对待孩子，孩子也会知道自己应该用什么态度对待他人。在日常生活中，家长要为孩子树立榜样，对孩子宽容以待。

2. 家长不要着急，要循序渐进

为孩子创造和他人交往的机会时，家长不要性急，要选择孩子熟悉的环境。可以带孩子去小区散步、玩耍，也可以邀请其他小朋友来家里，或去其他小朋友家串门，帮助孩子逐渐适应与人交往。

3. 保护孩子，给孩子安全感

如果孩子感到畏惧或受到伤害，就要及时给孩子以保护，让孩子有足够的安全感，慢慢学会如何与他人相处，继而自如地应对人际交往中的问题。孩子害怕与人交往，并不是胆怯的表现，故意制造氛围强迫孩子面对，孩子会更害怕、更抗拒，时间久了，完全有可能演变成交际的障碍。

◆鼓励孩子提高参与热情

喜欢合群交友是人的天性，尤其是家庭中只有一个孩子的情况下，孩子之间的交往就显得更为重要。为了锻炼孩子的体魄，为了培养孩子的兴趣爱好，如今很多家长都会给孩子报名夏令营、游泳班等，可是，愿望是美好的，干预的时间过早，孩子的体质依然比不上上一代，显得弱不禁风一些。

出生在20世纪六七十年代的人，几乎都听过家长讲述自己的童年，在一个小村子里，一到傍晚，门口一吆喝，各家的孩子都会跑出来一起玩，好热闹，比如：丢沙包、跳皮筋、捉迷藏，还有各种稀奇古怪让人脑洞大开的追逐游戏，童年给我们的回忆就是永远都闲不住。反观现在的孩子，虽然玩具很多、条件优越，但是，没地方跑，没地方耍，小伙伴更不会一呼百应地聚在一起，孩子的心只能局限在一方小天地里，孩子感受不到恣意撒欢带来的快乐，自然也就越来越不爱活动。

再加上电子产品的陪伴，更加剧了孩子不爱运动。如今在孩子的娱乐消遣中，电视和手机、iPad占据着主导地位，即使家长也知道健身和运动的重要性，但很少有人会将运动和健身当作日常生活中的重要部分，更不会引导孩子去主动选择。

孩子长期不参与活动，就会变得孤僻、内向，缺乏交际能力和合作精神，对成长和发展都不利。所以，家长不能禁止孩子与其他孩子交往，也不要对孩子的交往横加干涉。在这方面，家长明智的做法应当是：

1. 鼓励孩子玩耍

要鼓励孩子与其他孩子多在一起玩。在小朋友玩的过程中，要引导孩子怎么交朋友，引导孩子交往适度。同时，要告诉孩子，在与小朋友的交往中，要团结互助、友爱相处。

2. 给孩子提供玩的机会

要想提高孩子参与的热情，就要为孩子提供一个舒适的环境，更要为他们提供参与的机会。可以将孩子“送出去”让孩子参加夏令营等集体活动；也可以把孩子的伙伴“请进来”，让孩子把伙伴带到家里，大家一起玩耍和聚会。

3. 不要给孩子太多的干涉

0~3 岁的孩子一般都缺少交往的经验，要让孩子自己去感受交往的成败。如果孩子结交了有严重缺点和不良行为的朋友，要及时提醒和制止。家长既不要禁止孩子与其他孩子交往，也不要对孩子的交往横加干涉，应鼓励他们与其他孩子多在一起玩。

◆不要忽视孩子的语言表达能力

三岁以前，孩子有这种表现，也不是病态，毕竟孩子的发育成长也是有所区别，即便缓慢一些，也不一定不正常。0~3 岁的孩子口语表达能力不足，通常会用肢体语言进行弥补。家长要给孩子正面示范，鼓励孩子用正确的表达方式，把自己的想法表达出来，提升孩子的思维能力。

蕾蕾说话比较晚，两岁 4 个月才开始说话。两岁 9 个月时蕾蕾开始上幼儿园，只会说简单的字，比如，“尿哗哗”“吃饭”。虽然现在已经3岁了，但只会说一般物品的名称，妈妈问她在幼儿园都干什么了，她从来都不回答。

蕾蕾平时很爱说话，但也仅限于会的名词和简单表达，比如喝水之类的。她也不喜欢跟老师互动，不会回应老师的问题，只喜欢运动课和科学小实验课。

人与人之间情感沟通通常都要用到语言，口语表达是孩子与他人沟通的基本方式。可是，为什么有些孩子缺乏口语表达能力呢?

1. 家人包办，孩子不想表达。0~3 岁的孩子要想使用语言进行表达，前提是要有自己的需求和欲望，比如，吃饭、喝水、出去玩等。但是，家长对孩子的照顾无微不至，孩子只要一张嘴、一抬手，家长就知道孩子要什么，往往还没等孩子开口，家长就已经替孩子做了。孩子不需要通过语言表达自己的需求，就会失去表达的动力和欲望。

2. 孩子胆小，不敢说。有些孩子跟家长说话吞吞吐吐，“这个”“那个”地说不出来，或一句话翻来覆去就是说不清楚。如果家长特别烦躁，要么不停催促“想说什么，快说!”，要么不耐烦地说“你到底想说什么?”胆小的孩子一听这话反而会闭上嘴巴，更不敢说话了。

3. 缺少语言交流的环境。有些家长自己就不喜欢讲话，回到家很少跟孩子进行言语交流；有些家长只顾着玩电脑、手机，懒得主动跟孩子交流；再加上孩子很少和同龄人接触，使得孩子想交流都找不到对象。没有良好的语言交流环境，孩子语言发育受限，长时间不说话，口头表达能力就弱了。

4. 孩子口语表达能力不成熟。0~3 岁的孩子，语言组织能力还处于初级阶段，表达能力比较弱，比如，只能说出自己听过的事物的词语，没听过的就不会说；只会说短句，太长的句子不会表达；想完整地表达一件事情，但语言贫乏说不出来……这是 0~3 岁孩子都会遇到的问题。

5. 孩子的语言理解能力差。有些孩子说话生动、活泼，语言丰富而有情感；有些孩子言不达意、用词不准，就是语言理解能力差造成的。0~3 岁的孩子对语言的理解远不如家长，语言表达能力自然就会弱一些。

孩子 1 岁半左右，讲话的能力会慢慢提高，但有些孩子的沟通能力并不强，只会使用一些肢体语言来和他人沟通。比如，孩子想吃东西，会用一根手指指自己的嘴；不愿做一件事情，会一把推开他人。

0~3 岁是孩子语言发展的关键时期，也是孩子学习语言的旺盛期和最佳期，抓紧这个时期，让孩子逐步形成良好的语言习惯，是发展孩子智力、发展口头表达能力、书面表达能力，知识理解能力的前提。要想提高孩子的口头表达能力，家长可以这样做：

1. 不要提前让孩子说长句子

为了让自己的孩子能脱颖而出，有些家长会领着孩子在成长的路上奔跑。其实，孩子也有自己的发育节奏，例如学习语言表达，越想让孩子说得多，效果越不理想。3 岁之前孩子的脑部发育程度，决定了他们的听说能力，每次能接收到的信息基本在五个字左右。

问：下面有这两句话，让 2~3 岁的孩子复述，哪句他们更容易表述正确？

第一句：“饿，吃饭！”

第二句：“孩子是不是饿了，妈妈喂你吃饭？”

答案肯定是第一句。

让孩子说较短的语句，孩子就能清晰地说出内容的逻辑性，更准确地表达主要内容，减少辅助信息过多的干扰。

2. 减少孩子看电视的时长，使其多看绘本

家长没有时间陪伴，只能用电视或电子产品打发孩子。3 岁的孩子已经体验到了孤单，因为没有人陪聊天。没有充足的时间练习说话，孩子的口腔肌肉得不到锻炼，长此以往就会影响表达能力。事实证明，跟孩子一起看图画书是孩子成长的最好方式之一。图画书主要是图画，句子也很简单，与孩子一起阅读图画书，不仅能提高孩子的说话能力，还能让孩子学会精确地表达图画内容的精髓。

3. 孩子 3 岁前，语言不要接触三种以上

为了不让孩子输在起跑线上，很多家长会让两岁左右的孩子学习三种语言，如此只能导致孩子语言表达系统的混乱。网上曾出现过一个帖子：在一个家庭，爷爷奶奶教孩子说河南话，爸爸教孩子说普通话，妈妈让孩子说英语。一个句子里混夹三种语言，外人根本听不懂孩子要表达什么，等孩子 3 岁的时候，说话只有自己家里人懂。从小让孩子接触多种语言，不是不好，但也要分清主次，要错开学习时间，每次主打一个语种学习。

4. 鼓励孩子多模仿

孩子学习语言的基础是模仿，要想提高孩子的表达能力，家长就要多跟孩子说话，让他们熟悉语言，对语言保持高度的敏感。0~3 岁的孩子喜欢模仿，模仿说任何他们听到的东西，在孩子听不懂你说什么的时候，就要抓住各种机会跟他（她）说话。例如，吃饭时，可以说“来，我们吃饭饭喽，香喷喷的米饭，多吃饭长高高哦”；孩子长大一些后，解说词可以

更丰富一些。

5. 准确清楚地表达

0~3 岁的孩子刚开始说话，对语言非常敏感，说话的时候，要让他们做到口齿清楚、发音准确。如果孩子发音不正确，就要引导他们及时纠正，不能任其养成习惯，更不要认为孩子发音可爱、有趣，不予纠正。同时，儿歌学习也是促进孩子语言发育的好形式，孩子一旦学会，就会表演背诵。

6. 鼓励孩子说出来

寻找孩子感兴趣的话题来和孩子探讨，让孩子表达自己的想法，加强孩子交流的意愿。当孩子说出对一件事情的理解时，不管孩子的想法正确与否，都不要抹杀孩子的积极性。孩子在表达自己的意愿时，重要的是让他“说出来”，而不是“对不对”。

7. 让孩子多说多练

培养孩子的口语能力，必须让他们多讲多练。因此，在生活中，要让孩子有更多的机会讲述自己的见闻、在日常生活中同他人交谈等。比如，让孩子看图说话，把已经讲述过的故事复述出来；让孩子自己讲故事、背诵、唱儿歌。如此，既可以促进口语能力的提高，又能增强孩子的记忆力和理解能力。

8. 让孩子与同龄人一起交流

家长要鼓励孩子主动向他人打招呼，鼓励他（她）敢于讲话。孩子从小在大庭广众中敢表达自己的想法，也能提升孩子的语言表达能力。

第五章
坚强勇敢：跌倒了，就要让孩子自己爬起来

◆让孩子积蓄坚强的力量

孩子总有一天要走向社会、面对各种困境，从小适当让孩子遭遇挫折，培养他们的抗挫折能力，孩子在成长过程中面对种种困难时，才能更坚强。从小就对孩子过度关注、过分保护，一看到孩子遇到问题，就迫不及待地伸出援手，孩子就无法从挫折当中站起来。时间久了，在面对以后生活的困境时，孩子就会变得不堪一击。因此，家长应该收回对孩子的过度关注，只要是孩子有兴趣的事情，就要鼓励他们独立去做。

浩浩是一个3岁的小男孩，生活在一个四世同堂的大家庭中。他是家里唯一的小孩子，备受关注，无论想得到什么，大人总会千方百计地予以满足，奶奶甚至还有一句口头禅："我们家的东西都是小浩浩的。"在大家的重点保护之下，浩浩逐渐少了男孩的气概，像个文静的小女孩。

浩浩到了陌生的地方，就会像个小女孩那般安静，一个人默默地坐在一旁，既不跟小伙伴玩耍，也不敢跟陌生的叔叔、阿姨说话。如果大人跟

他讲话、给他东西，浩浩也不知道该如何应答，非常羞怯。

爸爸妈妈看着浩浩的种种行为，忍不住担忧起来，为了避免长辈的过度关注，爸爸妈妈将浩浩送进了幼儿园。进园的第一天，浩浩哭得撕心裂肺，为了锻炼他坚强的性格，爸爸妈妈只能狠心离开。

在幼儿园，浩浩依然一个人待着，不说话，不玩耍，整天都不跟任何人交流。

美国心理学家埃里克森认为，孩子从一出生，就能得到较好的看护和喂养，他们就会对周围的世界产生安全感；否则，会产生怀疑感。在孩子从开始爬行到3岁的这段时间，会表现出主动探索世界的倾向，如果这种倾向得到了保护，就能提高孩子的主动性和自主性；反之，则会使孩子感到内疚和羞怯。

在现实生活中，孩子从小就受到家长的过度关注和过分保护；当孩子具备一定的活动能力时，家长又担心孩子会受到意外伤害，怕孩子摔跤、怕孩子磕碰，长时间抱着孩子，不让他们下地行走。家长对孩子的事情包办代替，给孩子喂饭、帮孩子穿衣服，当孩子坚持要自己做以至于捅出娄子的时候，一些家长便会大发脾气，指责和打骂孩子。在这种教育方式下，孩子的主动性和自主性就会受到挫伤，容易感到自责、内疚和羞怯。

3岁是孩子心理发育的关键时期，家长过度的溺爱、保护、关注，会让孩子的心理得不到健康发展。不想让孩子成为温室里的花朵，唯有让他们顺其自然地发展。那么家长该如何做呢？

1. 适当忽视孩子

家长以孩子为中心，对孩子的成长没有好处。一旦环境发生变化，孩子就可能由主角变为配角，甚至不再被重视，为了让孩子适应角色的转变，家长就要调整心态。在日常生活中，家长要有意无意地转移中心点，让孩子适应新的变化，跟着及时调整心态。

2. 让孩子自由成长

家长对孩子的过分溺爱和关注，会让孩子连很小的事情都不能独立完成，将来他们又如何能面对更大的困难？如何对自己的人生负责？所以，家长应尽量放开孩子的手，给孩子自己解决问题的自由，让他们自己去闯，只有让他们自己为自己的事情紧张而忙碌，才能锻炼孩子的抗挫能力，增强他们的自信心。

3. 对孩子适当惩罚和引导

孩子犯了错，就应该受到惩罚。但是0~3岁的孩子心智尚不健全，并不知道自己这样做是错误的，此时，家长要进行正确的引导，而不是惩罚。

◆不要让孩子做“蛋壳”

生活中，很多人都有这样的体验：手拿一颗鸡蛋，到硬物上一碰，鸡蛋皮就能瞬间破裂。原因何在？因为蛋皮又薄又脆，经不起触碰，更经不起大的撞击。同样，如果孩子是蛋黄，那么情感人性等就是蛋皮，太过脆弱的情感，一磕就破；只有让孩子提高心灵的感受力，才是对孩子最好的保护！

曾经看过一篇文章：

小女孩是很害怕黑的，妈妈却逼着孩子一个人睡觉。有一天下雨了，小女孩更睡不着了，抱着娃娃躲在了角落。可在需要妈妈安慰的时候，妈妈却冷眼旁观，让小女孩独自落泪。

相信这位妈妈是想要让孩子学会成长，让孩子可以勇敢面对黑夜。可是勇敢不是这样来的，太过严厉的教育，对于年龄尚小的孩子而言，是难以接受的。这位妈妈的行为只会让孩子对黑夜的恐惧加深，在其幼小的心灵留下阴影。

所谓心理脆弱，对家长来说，就是没有担当的勇气，但0~3岁的孩子说不上担当，也容不得批评。

有些孩子小时候备受溺爱，一听到批评的语言，就会认为“你骂我”，于是以哭来拒绝对方。面对这样的孩子，直接的教育是不起作用的，说话时需要拐个弯，他（她）才能听进去。

0~3岁的孩子都对家长非常敏感、对家长产生感情上的依恋。即使是一点点小事情，也会哭哭啼啼，没有安全感。如果自认为遇到了严重的事情，会觉得特别委屈，情绪极不稳定，对家长传递过来的情感高度敏感，家长情绪稍微有一些变化，他的眼泪就掉下来了；跟小朋友玩的时候，只要发生一点小矛盾，就会哭着说“要妈妈”，不让妈妈离开。这时候家长就会认为，孩子太脆弱，承受能力差。

其实，这种结论是不恰当的。因为任何情感都需要表达出来，孩子敢说出，就能产生积极作用。

1. 孩子脆弱的原因

概括起来，0~3岁的孩子之所以脆弱，主要原因有这样几个：

（1）孩子的自尊过于敏感。这类孩子很在乎他人的评价，尤其是受到嘲笑、轻视后会感到十分害怕，形成自卑脆弱、退缩逃避、气量偏小的性格，在行为举止上常常显得拘谨、不爱说话、喜欢独来独往。

（2）孩子虚荣心强。现在很多家庭给孩子提供的物质条件都过于优越，助长了孩子在物质上的虚荣心。在孩子的自我意识发展过程中，会过高地评价自己；再加上有些家长喜欢盲目地夸奖孩子，使孩子精神上产生了虚荣心。虚荣心强的孩子喜欢攀比，只要看到他人比自己强，就会感到异常失落，心理失去平衡，变得脆弱不堪。

（3）孩子赢得起输不起。输赢本乃兵家常事，可是有些孩子赢了，会高兴得手舞足蹈；输了，则会怨天尤人、垂头丧气，甚至自暴自弃。

（4）孩子缺乏直面挫折的勇气。走在路上不小心摔倒，有些孩子会立刻爬起来，拍干净身上的尘灰，继续若无其事地玩耍；而有些孩子只会趴在地上啼哭，这样的孩子一般都缺乏直面挫折的勇气，心灰意懒、逃避退缩。

（5）孩子以自我为中心。现在的孩子，大部分是独生子女，在家备受宠爱，处处以自我为中心，凡事要求家长迁就，致使感情和心理相当脆弱，动不动就哭鼻子，比如，在幼儿园受了老师一点小批评，和小朋友玩受了点委屈，家长没答应他的要求等。这些都能让这些感情脆弱的孩子情绪低落。

2. 如何帮助孩子克服脆弱

要想让孩子不再脆弱，家长就要从以下几方面做起：

（1）给孩子营造一个舒适的环境，逐渐扩大孩子的交往范围，尽可能地挖掘孩子的优点，使孩子在活动中感受成功的喜悦，让他（她）充分把握和表现自己，获得他人的认可和赞美，树立自信心。

（2）注意教育的方式，不要纵容孩子满足消费欲望，要让孩子养成节俭朴素的生活习惯；不要盲目表扬孩子，要让他们对自己有个客观的认识和评价，既受得起表扬也受得起批评。

（3）要有一颗平凡心，正确对待孩子的输赢。孩子失败了，家长要鼓励孩子，把孩子从脆弱的情感中拉出来，转移他们的注意力。只要家长能对输赢淡然处之，孩子就能摆正对输赢的心态。

◆引导孩子不轻易说放弃

在日常学习和生活中，0~3 岁的孩子做事最容易虎头蛇尾，刚开始时认认真真，时间稍长就坚持不下去了。家长的一大任务就是，引导孩子不要轻易放弃。

一天，在儿童游乐场，一个 3 岁的小男孩想把一个玩具推车推上木制滑梯。该任务看起来很简单，但这对一个 3 岁孩子来说，充满了挑战。滑梯长度很长，小手臂把独轮车往上推，推的距离还远远不够；想让小车停在滑梯上，可稍一松手，小车就会落回原位；小朋友来回在滑梯上玩耍，顺手就将小男孩的独轮车给带了下去……在同一个地方失败无数次，大人都忍不住小声讨论："真想帮帮这孩子"，"如果是我，早放弃啦"。可是，小男孩显然比大人要有耐心得多，在一次又一次的失败中，不断地找到解决问题的办法，最后心满意足地把独轮车推上滑梯。整个事件中，他的爸爸都在一旁默默地观察和记录，完全没有上前打扰孩子。

小男孩虽然失败了十几次，但他都没有放弃，直到最后成功了。这种坚持到底的精神，值得每一个同龄人学习。

一般来说，儿童在1.5~2岁时已经出现坚持的萌芽，支持着他们在短时间内坚持进行某种感兴趣的活动。3岁时，孩子的坚持力发展水平仍然较低，坚持的时间较短。对于家长来说，这个时期培养孩子的坚持性非常重要。

0~3岁，是孩子好奇心最强烈的时期，同时专注力也是最差的，做事总喜欢半途而废。虽然专注力差是自然生长规律，但如果孩子经常半途而废，家长也要多加注意，要看看是不是孩子平时的某些细节没做到位，让孩子变得没有耐心。一旦发现孩子没有耐心，就要从日常生活中找出孩子会这样的原因。

比如，有时候，孩子对某件事有好奇心，家长却没有及时给孩子做出解答，导致他对事情的兴趣变浓，平时就会过多地关注这件事情，家长误以为孩子对这件事情感兴趣。其实是因为孩子的好奇心强烈，对家长未能解答的事物感到好奇，一旦过了热乎劲儿，就会对另一件事再产生好奇心。

有些家长对孩子的未来有着极高的期待，之所以要让孩子去认真地做一件事情，不仅是为了当下的效果，更是为了孩子将来的发展。家长把这种思想灌输给孩子，孩子就会产生一定的心理压力，就会担心达不到家长的要求，内心会变得非常恐惧。所以，为了使这种心理不再困扰着自己，孩子就会放弃这件事情，去做另一件事情。

另外，当孩子对一件事毫无积极性时，有些家长会用更强烈的方式要求孩子把事情做到最完美。孩子出现了一丝懈怠，家长就会严厉要求，甚至语言刺激，让孩子产生抵抗心理，故意去跟家长作对，于是该完成原本的事情就会被耽搁下来。

孩子从小做事情就半途而废，多半是由于没有养成坚持的习惯。如果不想让孩子养成半途而废的习惯，家长就要从细节开始注意。

1. 尽量不要给孩子过多的选择

古语有言："鱼和熊掌不能兼得"，面对众多选择，贪心太重，孩子们就会不知道该怎么办，感到异常纠结，无法集中注意力，做这件事情时可能脑海里却想着另一件事情，尤其是两三岁的孩子，更无法分清利弊，对于外界干扰的抵抗力也更低。所以，家长在平时尽量不要给孩子过多的选择，无论是在饮食、学习上，还是在游戏上，都要尽量只给他两个选择，让他二选一。如此，孩子才能更快地做出决定，完成的速度也会更快。给孩子的选择太多，孩子就会眼花缭乱、耽误很长时间，反而对他的生长不利。

2. 抓住孩子的兴趣

如果孩子对一件事情感兴趣，会对它更加入迷，甚至可以达到废寝忘食、茶不思饭不想的地步，孩子也就更容易坚持下来。反之，如果孩子对某件事没有兴趣，在家长的强烈要求下，即使取得了一些小成绩，也只是应付家长而已。在平时与孩子的交流中，要慢慢地挖掘孩子的兴趣，如果孩子对某件事有五分钟的热度，就说明孩子在这件事情上下了足够多的功夫，自然就不会半途而废。

3. 采取一定的奖惩措施

0~3 岁的孩子，往往不知道什么事情是应该做的、什么事情不应该做，家长不进行及时的引导，告诉他们应该怎么做，他们往往会不长记性，做起事情来也满不在乎。采取正确的奖惩方式，做好就奖励，做错就惩罚，能极大地提高孩子做事情的坚持力。

4. 给孩子更多的鼓励

在生活中，孩子遇到了困难，家长发现之后应该给一定的鼓励。首先，要让孩子自己尝试着解决问题，如果不能解决，可以给孩子提供一些帮助，不要直接让孩子放弃这件事，否则将来孩子再遇到类似的事情就会先想到放弃。所以，要让孩子先进行尝试，不能只注重结果。

5. 不要打断孩子正在进行的活动

孩子正在玩游戏，例如，搭建火车轨道、搭帐篷灯等，家长不要出于关心打断正在专心做事的孩子。儿童的思维活动需要连续性，经常受到干扰，他们的心就静不下来，坚持力就无法养成。因此，孩子正在专心做事时，一定不要打扰。

6. 培养孩子的任务意识

为了培养孩子的坚持力，可以布置一些孩子力所能及的任务。在设定任务时，家长可以创设一些有困难的，如果孩子出现了退缩行为，家长要及时做出指导与帮助，让孩子正确面对困难、积极想办法。

7. 利用游戏培养孩子的坚持性

角色扮演的游戏可以促进孩子坚持性的发展。游戏中，孩子会履行角色的职责，提高和增强他们对游戏的专注性和坚持性。

◆如何对待爱哭的孩子

动不动掉眼泪是孩子性格懦弱的一种表现，不利于自信和坚强个性的养成。家长应该想办法帮孩子改掉这一坏习惯，比如，鼓励孩子说出来，而不是哭出来；引导孩子提高情绪管理能力；孩子哭闹，家长不要轻易妥协……

一位家长曾发出了这样的困惑：

我们家亮亮今年3岁，虽然是个男孩子，却特别爱哭。今天上午，跟邻居家的弟弟在一起玩了不到十分钟，弟弟抢了他的东西，他就哇哇地流起眼泪来。亮亮特别脆弱，总喜欢掉眼泪，比如：早上起来看不到妈妈会哭，玩具掉到地上捡不到他还是哭……虽然家人都在尽量地保护他，可是看着他这样哭，我们也很心烦。该怎么办才好啊！

有些0~3岁的孩子特别爱哭，而且很敏感，容易激动，即使是遇到一点小事，也会大哭大闹。这种情况确实让很多家长感到头痛，尤其是发生在男孩身上，更让家长发愁。家长要正确认识孩子爱哭的行为、正确对待孩子的哭，因为这关系着孩子能否坚强。

对于幼小的孩子而言，哭闹是一种常见的现象，特别是在没有学会说话之前，当他们出现渴了、饿了、尿了、热了、烦了等情况时，就会用哭闹召唤家长的注意；如果自己通过哭闹所表达的需求不被理解或得不到满足，哭闹的强度还可能加大……

3岁的孩子已经会说话了，虽然多了语言这样一种沟通媒介，但表达能力还未能得到充分发展，就会通过哭闹来发泄内心不满；另外，在情绪不佳、身体不舒服、受到惊吓等情况下，孩子也可能用哭来表达内心的不适。

总之，哭闹，对于孩子来说，是一种正常的表达方式，家长只要下决心，就能帮孩子改掉这个毛病。

0~3 岁的孩子为什么爱哭呢？

对 0~3 岁的孩子来说，哭是社交方法之一。这时候的他们语言表达还不清楚，只能用哭的方式来表达情绪，随着孩子胆量的增大，哭的次数就会渐渐减少。有些孩子之所以会经常哭，主要还在于家长的缘故，对孩子的身体损害或情感变化过度反应，如孩子擦破点皮，家长会心疼地说："呀，可怜的孩子，怎么又伤了。"家长的这种态度，会让孩子感到过度委屈。

哭是孩子正常的心理需要。0~3 岁的孩子虽然年龄小，但也会产生烦恼和不安情绪，为了宣泄这种消极情感，只能哭。此外，孩子在身体不适、离开依恋的对象、提出的要求没有得到满足时，也会用哭来表达宣泄。

有些孩子是独生子女，为了不亏待孩子，家长会尽量满足孩子的需求，只要孩子一哭，就会满足他，导致孩子就会觉得用哭来得到想要的或避免做自己不想做的事是很有效的。

有些家长的态度太过严厉，发生一点小事，就对孩子疾言厉色，孩子被吓坏了，为了博取同情心，只能变成好哭的"小媳妇""小少爷"。

有些孩子总是被家长忽略，家长连孩子的基本需要都无法满足，比如，不常陪伴、接近孩子。这时，为了提高家长对自己的关注度，孩子就会哭。

有些孩子天生敏感爱哭，总会为小事发脾气、抱怨，即使没发生不愉快的事，也不会笑。

其实，孩子哭不一定是坏事，孩子大哭后，会轻松一些，减轻压力。有研究甚至还发现，爱哭的孩子比不爱哭的孩子生理与心理更健康。因此，不要太抑制孩子的哭，在日常生活中，家长可以这样做：

1. 家长要控制好自己的情绪

0~3 岁的孩子特别敏感，家长的焦虑、紧张、愤怒、忧郁等情绪都容易对他们造成影响，因此家长要放松、控制好自己的情绪，减少对孩子的影响。如果情绪已经表露，最好立即对孩子进行解释，不要让孩子猜想，不要加重孩子的敏感，更不要让孩子承受家长的情绪。

2. 对孩子少些批评，多些表扬

即使孩子做事没有达到家长希望的结果，但只要尽力了，就不要批评他（她）。比如，孩子骄傲地告诉家长“我自己洗手了”，家长不要急着指责他“把水洒得到处都是”，而要鼓励他“自己洗手是好事”，然后再帮他把手擦干。

3. 培养孩子的自尊心

缺乏自尊心的孩子往往都敏感、爱哭泣。因此，为了减少孩子的哭泣，就要提高孩子的自信、自尊，使孩子自我认可，产生成就感；不要对孩子提出过高的期望，更不要让他们做超出能力的事。

4. 不要强化孩子的哭

孩子哭了，不能给予特权或取消规矩，更不能使其免于惩罚。家长要采取中性态度，分散孩子的注意力，继而使孩子停止哭泣。家长可以给孩子一定的安慰，但不能给予太多同情，否则孩子会哭得更凶。

5. 对孩子的敏感表示同情

对 0~3 岁的孩子来说，哭是正常的情绪表达，不准孩子哭，是不道德、不友善的。为了让敏感的孩子少哭、少流泪，就要鼓励他们做一个坚强的孩子，引导他们克制哭的行为。

6. 不要给孩子贴上爱哭的标签

当着孩子的面动不动就对他人说自己的孩子爱哭，会强化孩子对哭的渴望，因此不要这样说，要尽量减少这样的语言表达。

7. 让孩子明白自己的痛楚

有时，孩子之所以会哭，是因为不知道自己的痛楚，说不清自己为何会哭。要想减少这种情况的出现，就要让孩子明白自己为什么要哭，给孩子一些安慰。

8. 不要打骂孩子

对敏感的孩子来说，家长瞪眼失望的表情，都会使他们产生反应。所以，家长要控制自己的情绪，不要大声骂孩子，态度要温和幽默一些。

第六章
懂得担当：孩子肩膀弱小，但照样能担当

◆引导孩子勇于认错

生活中，经常会看到这样的场景：

妈妈指着那被翻得乱七八糟、零落满地的物品，打翻的牛奶，问孩子："这是谁干的？"孩子回答："这是小狗干的！"

爸爸看着被染了颜色的墙壁问，"这是谁干的？"孩子回答："这是外星人干的！"

奶奶指着撒了一地的面粉，问，"这是谁干的？"孩子回答："它本来就是那样的！"

遇到这些情况，几乎很难听到孩子承认："这是我干的！"

0~3 岁的孩子一般都不愿意爽快地承认自己犯的小过失，同时还能给自己编造出各种理由和借口。面对这些小谎言和狡辩，很多家长都是难以容忍的，甚至还会给孩子扣上一些帽子，比如：不诚实、不坦荡、爱

说谎！

其实，如果面对这种情形家长们不必太过紧张，不要觉得自己养了一个爱说谎的孩子。这种不承认、辩解、推脱从某种角度上看也是一个好的信号，它说明孩子已经知道自己做的事情并不是一件“光明正大”的事，甚至是犯了错误。所以，在“认错”这个问题上，爸爸妈妈要更加耐心一些。

有个3岁的小女孩，活泼开朗，但每次犯了错误都不认错。妈妈教导批评的时候，不是低头不语，就是哭，就算心平气和地问她“你知道错了吗，”她也不说话，一副宁死不屈的样子。比如，她和小伙伴玩的时候，高兴过头，居然咬了伙伴一口。妈妈让她跟伙伴赔礼道歉，告诉她：“不能咬人，你都将伙伴咬哭了。”结果看到伙伴哭，她也哭了，然后一副生气又无辜的样子……她就是不说话，不赔礼道歉，也不承认错误。

长到3岁的时候，孩子会经历人生中的第一个反抗期，不听家长的话，喜欢跟家长对着干。孩子在每次犯错误的时候，总会有一个不良情绪的释放期，这时候家长对他们进行批评教育，是无法取得理想效果的。家长可以表现出生气的态度，但先不要急着惩罚和教育孩子，等孩子平静下来的时候，再进行批评教育；至于惩罚，一定要跟孩子事先有约定，只要再犯，就会给予相应的惩罚。经过一段时间的训练，孩子的行为习惯就会慢慢有所改变。

3岁的孩子，刚过自我意识的萌芽期，比较自我，也会在敏感期的驱使之下，做些很执拗的事情。这是一个重要的成长背景。所以，很多时候，家长不要和孩子较真，要用迂回的方法，达到教育的目的。

那么，究竟什么事情是错的呢？这里涉及一个标准的问题。比如，孩子起床晚了，家长担心他（她）吃早饭不及时，就会觉得他（她）做了错事，就会批评指责讲道理。可是，孩子却不愿意认错。

再如，看到爸爸将自己的苹果咬了一个小缺口，孩子会不依不饶地哭起来，怎么哄都没用，最后家长也生气了，说："你怎么这么小气？跟你玩呢，还哭，去跟爸爸道歉……"这时候，孩子多半不愿意认错。

由此可见：

（1）如果某标准是家长和孩子都已经认可并同意的，孩子往往愿意认错；

（2）如果某标准是家长认可但孩子不认可的，孩子就不愿意认错；

（3）如果某标准是家长不认可但孩子认可，孩子就觉得自己没错为什么要认错。

针对不同的情况，家长要区别对待。

1. 家长和孩子都已经认可标准并都同意

这种事情，一般只要对孩子进行引导和教育，他们也能意识到自己的错误，比如，不能随意横穿马路。如果是这样的情况，孩子知道自己横穿马路是危险的，有这样的认识，就能认错。

当然，认错的关键是家长的态度，以及孩子的情绪是怎样的。家长要是就事论事，不能攻击孩子的人格，孩子就会接受，比如："你这样横穿马路，特别危险，我很生气，你要道歉！"孩子有后怕与自责的情绪，就会向家长道歉："对不起，我下次不会这么做了。"然后，家长要及时肯定和鼓励，虽然孩子做错了，但能积极改正就是好的，要告诉他："这样做就对了。”如此，孩子就能在这件事中吸取教训。

2. 家长认可但孩子不认可的标准，孩子不愿意认错

家长的标准没有跟孩子统一，同时也可能操之过急，没顾及到孩子的情绪和状态就开始批评，导致孩子不愿意认错。比如，家长不让孩子玩水，孩子在好奇心的驱使下去玩了。家长看到后很生气，批评孩子，孩子却觉得玩水有趣，这时候该怎么做？

首先，要制止孩子的行为并将他带到安全区域，先关心孩子的状态和情绪，与孩子说自己的心情，告诉他：“妈妈看到你一个人玩水，吓死了，你知道这么做多危险吗？”看到妈妈紧张，孩子也会很紧张，然后家长要先安抚孩子的情绪。

接着，给孩子设定一套标准，比如：“妈妈知道你喜欢玩水，不过这里的水很深，妈妈又不在身边，所以你不能一个人跑过来玩。”“如果想玩，就让妈妈陪在身边，或者妈妈确认没有危险了才可以玩，知道吗？”得到孩子的肯定回答后，要用拥抱和对视、微笑等动作来赞许孩子的积极反馈。

3. 家长不认可但孩子认可的标准，孩子会觉得自己没错为什么要认错

这种情况也很多，比如，家长让孩子少看电视，孩子却想继续看，家长就会大声批评并要求孩子认错。遇到这种情况，多数孩子都不会轻易认错，因为他们觉得自己没有什么错。3 岁的孩子有时也很固执，处于执拗敏感期和秩序敏感期，会非常较真，也特别让家长窝火。

家长可以这么做：

首先，共情，比如，“妈妈知道你还想看，对吗？”这时候最好能抱抱孩子，蹲下来和他对视。

然后，说出问题，比如："可是我们要吃饭了，奶奶做好饭等我们去吃。"

接着，引导他（她）想办法，比如："不快点关了电视，饭菜就凉了就不好吃了。奶奶特别为你做了你最喜欢的鸡肉，我们来想想办法。""要不就再看5分钟还是3分钟，可以吗？"

用二选一的办法，引导孩子同意。家长退一步，孩子就会觉得自己的要求得到满足，自己也得到了尊重，一般会愿意做出选择。看一会儿后，就会关掉电视，去吃饭。

需要注意的地方是：

看到孩子不配合，不要大声批评责骂；

要有耐心，看看共情做得好不好，没做好就容易失败；

批评是最后的手段，如果孩子油盐不进，可以抱离现场，之后再安抚。

◆让孩子自己的事情自己做

我国教育家陈鹤琴先生说："凡是孩子自己能做的事，让他自己去做。"这不仅对培养孩子的独立性、自理能力很重要，同时也培养了孩子的责任感，使孩子能对自己的生活、行为负责。

两岁的小可已经开始自己穿衣服、戴帽子、穿鞋。但对于这个年龄段的孩子，一般都是戴帽子容易些，穿鞋子似乎有些难，小可同样如此。他正反不分，容易将鞋穿反，每次都要妈妈的提醒或帮助，才能穿好。看到孩子一点一点地成长着，妈妈感到很幸福。

而一位当幼儿园老师的朋友却告诉她，很多3岁的孩子还不会穿鞋，主要原因就是孩子懒惰，或家长没教孩子穿鞋。一天放学的时候其他小朋友都在换鞋，只有阳阳坐在座位上不动。老师问他："阳阳，你怎么不去换鞋呢？"

他说："我不会！"

老师说："阳阳，老师教你穿鞋子好不好？"然后，老师开始手把手地教他穿鞋。

结果，阳阳还是说不会，老师第三遍说："阳阳，你要学会自己穿鞋，不能让爸爸、妈妈帮你。你现在是大孩子了，要学会自己的事情自己做。总让爸爸、妈妈帮你穿鞋，他们该有多累啊。"

阳阳点点头说："是，老师我自己穿。"最终，阳阳自己穿好了鞋子，而且没有穿反。

培养孩子的独立性，让孩子学会自己的事情自己做，孩子才能成长起来。

0~3岁是培养孩子习惯的最佳时期，只要找到合适的方法，不断引导孩子，就可以培养孩子的自理能力。

如今的孩子都比较自我，觉得什么都跟他（她）没关系，反正有家长会全部弄好。家长的过度保护会给孩子带来不良影响，在生活上，家长要让孩子明白有些事情应该自己去做，比如，自己整理房间、收拾书包、穿衣叠被等。家长不要因为心疼孩子而事事包办代替，应让孩子通过自己的劳动，直接看到行动所得到的回报，逐渐提高孩子的自理能力和责任心。

从小就让孩子自己的事情自己做，自己的东西自己管，自己的生活自己安排，就能增强孩子心智的独立性、目的性和计划性。为了培养孩子的劳动意识、劳动兴趣和劳动习惯，家长可以从以下几方面做起：

1. 让孩子做适合自己的事情

对孩子已经做得很好的事，没必要多问；他（她）现在再怎么努力也做不到的，也别急着去培养。家长真正要重视的是对孩子来说有难度、但引导一下就能做好的事。对于 0~3 岁的孩子，要引导他自己穿内裤、长裤，穿有魔术贴的鞋子，或把自己套进衣服里，不用要求他（她）自己扣扣子、系鞋带，这些精细动作对这一阶段的孩子来说做起来还有点难，家长要帮他（她）一起做。

2. 给孩子正确的引导

很多时候，不是孩子不听话，而是他（她）不知道怎么做。比如，收拾玩具。很多家长都喜欢说："去，把玩具收拾了！"却不会告诉孩子究竟该怎么做。其实，完全可以给孩子准备一个专门放玩具的容器，可以是一个箱子或一个桶，告诉孩子：将玩具放在这里，玩的时候拿出来，不玩的时候放回去。玩完以后，再告诉孩子为什么要收拾玩具，比如，"不把积木放回去，可能会扎你的小脚。"

3. 让习惯变成有趣的事儿

孩子不愿意做某件事儿，多数是因为他觉得这事没什么意思。比如，拉臭臭。孩子如果不愿意去做，就可以买个婴儿马桶。这种马桶很好玩儿，里面的图案可以随便换，马桶圈也有好几个颜色。只要孩子觉得在马桶上拉臭臭是一件很有意思的事儿，就会主动去做。

◆拒绝孩子的软磨硬泡

在商场的时候，总能看到在地上打滚的孩子。家长若是屈服了，这种情况以后必然会变本加厉。发现这种苗头，一定要坚定自己，不能轻易妥协，并及时纠正孩子的这一行为。

点点是个3岁小男孩，非常调皮，不知道什么时候学会了耍赖。每次妈妈带他去超市，他都会赖在玩具货架前不走，一定要买到自己喜欢的玩具为止，即使家里有同类玩具，只要是他看上的，都得买，否则就会坐在地上哭闹耍赖。看到许多人围观，妈妈会感到很尴尬，只能投降，满足孩子的要求。

相信，各位家长都被孩子要求过买东西，你是如何应对这种情况的？相信，多数家长都会满足孩子的需求。但是不能满足孩子的所有要求，家长也要有自己的考量，不仅是经济方面，还有节约方面的。

0~3岁的孩子却不管这些，只知道自己想要的东西一定要得到。如果家长耐不住孩子的软磨硬泡，答应下来，随着这种事情越来越多地发生，家长可能会严厉拒绝。为了得到自己想要的，有些孩子就会开始耍无赖，甚至“威胁”家长。

家长都希望孩子听话，为了教育孩子，也花费了很多时间，但总是事与愿违，孩子还是会耍赖不听话。对于孩子的软磨硬泡，很多家长都招架不住，只能一味地满足他们的要求，致使他们养成了耍赖的习惯。长此以往，孩子会变得更加自私和任性。

孩子在 8~9 个月的时候，遇到不开心的事情就会发脾气，哭闹或躲在地上耍赖；到了两三岁的时候，除了哭泣和躲在地上耍赖外，还可能会发出抗议声，甚至会往地上丢东西。对于耍赖的孩子，家长有哪些办法呢？

1. 转移他的注意力

孩子喜欢耍赖，简单的说教并不能起到好的效果，最好的办法就是转移他的注意力。看到孩子在地上打滚，家长可以说："快起来，地上有蚂蚁，会咬到你的屁股！"这时候，如果孩子怕疼，就会很快起来。如果孩子在家里耍赖，家长可以拿出孩子最喜欢的玩具，孩子多半都会停止耍赖，跑来和你一起玩玩具。

2. 态度要坚决

为了达到自己的目的，有些孩子可能会耍出五花八门的小把戏，家长一定要冷静，无论孩子如何哭闹，都不要冲动和打骂，要告诉孩子自己的底线，适当地警告他（她）。如果孩子坚持耍赖，家长要立刻走开，孩子认识到问题的严重性，自然就会放弃耍赖行为。

3. 统一立场

家长教育孩子的方法不一致，一个严格，一个宽松，很容易让孩子钻空子，并滋生他的耍赖心理。所以，家长平时要商量好教育方式，在教育问题上保持一致，孩子就没办法钻空子了。

◆试着让孩子承担责任

有一个关于一对双胞胎兄弟的故事：

一名年轻男子杀了两个人，记者询问他的私人生活和杀人动机。男子告诉记者，他出生于一个破碎的家庭。在他的记忆中，父亲喜欢喝酒，经常喝得酩酊大醉，然后暴打母亲。他们依靠父亲偷来的东西生活，7岁时他也学着父亲的样子开始偷盗。在杀人未遂而被处以拘留后，他又犯下了这起杀人罪，最后他说："在这种环境下成长，我还能成为什么样的人呢？"

年轻人有个双胞胎哥哥。记者得知这一情况之后，拜访了他。令他们感到惊讶的是，哥哥却是一位德高望重的律师，声誉极佳，已经结婚了，有两个孩子，家庭生活美满。记者十分吃惊，问他："你是如何做到的？"他给记者讲述了同一个故事。不过，他在结尾是这样说的："常年经历这些事情，我除了变成这样，还能变成什么样子？"

不幸的家庭环境，让哥哥意识到出身卑微、家长不和、父亲酗酒、偷盗、懒惰，更意识到只有通过努力才能改变命运，最终他做到了。这里，对于低微的阶层、打架的家长，哥哥做出了正确的反应，承担起了主宰自己命运的责任。同样的家长，同样的环境，同样的教育，但两兄弟对事情的描述和反应却大相径庭。可见，教孩子对内心的反应负责，对自己的态度和行为表现负责，非常重要。

而这也是有责任心的最大体现。可是，在生活中，没有责任心的孩子随处可见：

“孩子活动时撒一地的玩具，叫他帮忙收拾还不乐意。”

“孩子每天都让我催他才愿意去完成作业。”

“孩子上课忘了带笔盒，回来还怪我没帮他收拾好书包。”……

家长工作了一天，回来还要面对孩子一系列的坏毛病，对于孩子屡教不改的态度，更是有心无力。

孩子没有责任心，究竟是谁的过错呢？其实，孩子缺乏责任心并不是与生俱来的，孩子的责任心是是可塑的。只要采用正确的方法，孩子完全可以学会承担责任。

1. 从小事培养

在娱乐期间，孩子把玩具搞得乱七八糟，家长要教其如何收拾整齐；在下次的时候，由孩子自己收拾，家长不再协助。在这个过程中，孩子可能会出现消极、沮丧、烦恼等负面情绪，家长不但要引导孩子学会如何承担起责任，还要适当地安抚与开解孩子的负面情绪。

2. 让孩子明白何时承担后果

孩子第一次做错事，或做了不符合当时场合的事，家长应当给他（她）警告，正确分析与引导。3 岁之前孩子处于成长期，不可能像成年人一样去思考。如果孩子总在重复做一些自己明知道不能做的事情，就要让他们来承担事情带来的后果。

3. 提醒孩子做事情可能会产生的的后果

做每件事情之前，如果能预测出后果，就要告诉孩子之后将会发生的事情。如果孩子已经做了错误的行为，就要立刻告诉他们不停下来，会有什么样的后果，并对他们实施一些惩罚。

4. 把行为和后果联系起来

孩子的动作、行为与后果是相互匹配的、合乎逻辑的，家长不要奢求孩子完全知道自己错在哪里，要给他们适当的惩罚，避免他们产生对挫折过度的反应。例如，孩子把没有吃完的饭倒在地上，就要让他们自己清扫。

第七章
善于分享：懂得分享，更能感受快乐

◆告诉孩子，占有等于自私

心理学家指出，孩子到了自我意识敏感期，占有欲会变得很强，不允许他人侵犯自己的权益。当孩子变得自私的时候，家长可能会感到难堪、丢人，认为孩子不听话，就会通过强硬的方式让孩子做出改变。其实，这是错误的做法。家长不应该谴责，应该满足孩子的需求，并对孩子进行正确的引导，才能帮助孩子更好地构建自我。

年前的一天，妈妈带着女儿去邻居家玩。邻居家的儿子叫浩宇，今年3岁，他们进屋的时候，浩宇正在客厅玩玩具。女儿认识浩宇，她立刻跑过去，想和浩宇一起玩。

没想到浩宇赶紧把玩具抱在怀里，大喊道："这是我爸新给我买的玩具，不给你玩。"

听到孩子说的话，邻居的脸瞬间红了，赶紧说："浩宇，你这样的做法很自私，如果你不给妹妹玩，妹妹以后都不会和你做朋友了。"但是无论怎么说，浩宇依然抓住手里的玩具不松手。

邻居赶紧解释："我儿子最近不知道是怎么回事，变得很自私，以前不这样。"

其实，每个孩子都会经历这样的阶段，孩子之所以会变得自私，是因为到了自我意识敏感期，家长无端地斥责孩子，会破坏孩子的自我建构，让孩子变得更加自私和叛逆。

三岁左右的孩子，已经懂得了"拥有"的概念，会非常维护自己的物品，只要感觉有人想霸占他（她）的东西，就会马上行动起来，保护它们。因此，这个时期的孩子占有欲很强，喜欢以自我为中心，甚至变得"自私"，不爱分享。

在这个特殊阶段，家长的引导很重要。如果孩子不愿意与他人分享，在日常生活中，家长就要多注意从以下几方面进行教导。

1. 正确教导孩子

如果孩子想玩小姐姐的玩具，家长可以鼓励孩子自己去向小姐姐借。如果孩子不敢去，家长可以帮孩子，陪孩子一起去借。如果小姐姐把玩具借给孩子，家长可以鼓励孩子向小姐姐学习；如果小姐姐不愿意借，可以问问孩子心里的想法，让孩子知道，如果他人想玩他（她）的玩具，而他（她）又不愿意借，他人的想法也和他此刻的一样。需要注意的是：孩子想玩他人的东西，一定要让孩子向主人借，不能趁着他人不在，就先拿过来玩；如果其他孩子想玩孩子的玩具，家长也不能自己做主，要让孩子自己决定。

2. 孩子发生矛盾，不干涉

当孩子因为不愿意分享而与其他小朋友发生矛盾时，家长一定要关注他们。但是，只要孩子们没有打架、抢东西等，没人受伤，家长就不要干涉，要让孩子自己解决问题。如此，就能让孩子知道，遇到问题一定要自己想办法，不能总依赖家长。当然，如果其他小朋友想玩孩子的玩具，而孩子不愿意，家长也不要强行让孩子把玩具让出去，应该让孩子自己做主；如果是其他小朋友不愿意把玩具借给孩子，家长也不要干涉，让孩子自己去解决。

3. 正确评价孩子

0~3 岁的孩子，其实很在乎家长和其他人对自己的评价，所以，家长不要当着孩子的面表扬其他小朋友大方、爱分享；更不能拿其他小朋友来与孩子作比较，不然，孩子会感到很不舒服的。如果有人当着孩子的面说孩子“小气”“自私”“不爱分享”，家长千万不要附和他（她）的说法，以免伤了孩子的自尊心，要维护孩子，告诉那个人，同时也告诉孩子：东西是孩子的，孩子有权决定是否要分享。

◆鼓励孩子的交换行为

0~3 岁孩子的最初的交换行为和人类最早的交换行为类似，随着他们自我意识的形成，他们就能知道自己是独立的个体。如果有些玩具、书籍自己不喜欢，放着也是浪费，他们发现小伙伴手里有自己喜欢的东西，就能进行交换。这时候，孩子们一般不会考虑交换的物品是否等价，考虑的是交换物品给自己带来的内心感受，因此可能会用一架遥控飞机去换一本自己喜欢的图书。孩子不会以价格来决定物品的价值！

大宝上幼儿园，经常交换玩具，隔三岔五就拿回来一个价格低廉的玩具。这次，妈妈气坏了，因为大宝用生日玩具变形金刚换回来了一个小球，因为小朋友跟他说自己的球晚上会产生魔法。大宝信以为真，跟人家交换了玩具。妈妈哭笑不得，这可咋整？养个傻孩子！万幸的是，第二天对方家长就把玩具还给了他们。

生活中，孩子都会遇到交换玩具的事情，难道孩子交换了低廉价格的玩具就吃亏了吗？事实上，不是这样的。3 岁之前的孩子对金钱购买的玩具还没有强烈的价格感，一般认为玩具都是等价的。一个几元钱的小球，在他们的眼中也有大大的魔法，在好奇心的驱使下，自然就要换。

0~3 岁的孩子处于一个非常特殊的时期，是处于以物换物、交换的敏感期，也是他们对自己的物品确权的过程。这个时期的孩子热衷于交换物品，这也是人类成长的本能，是人类智慧的产物，是人类特有的行为。

交换的最初出现，是为了降低生活成本、避免浪费。最早的交换是以满足需求为目的，以拥有剩余物品为前提，所以人类最初的交换基本上是偶然的不等价交换，只要能满足物质和内心的需求即可。随着人类生产工具的进步，剩余的物品越来越多，人类对生活的要求也逐步提高，一些交换规则并不成熟，人类开始实行众人认可的等价交换原则，并在实施过程中感受到了等价交换的好处，商品也随之产生。

让·皮亚杰指出："儿童就是儿童，是成长的个体，有其特有的心理运转规律和心智发展固有的自发活动。儿童逐步达到家长的状态不是对一套固有的知识和道德体系的听取，而是必须通过儿童个人的努力和亲身经验才能学习和理解。”在这种交换活动中，孩子会逐渐理解物品的不同价值，孩子也会开始思考交换的合理性，他们的交换行为会慢慢变得成熟，并在满足中停止这种行为。对孩子之间的不等价交换，不要用家长的道德标准去衡量，要了解孩子不同个体需求的不同，不要以谁占便宜谁吃亏评价他们的交换行为。

面对孩子的不等价交换，如果家长因各种原因不认可，就要给孩子一个适当的建议：“如果真的喜欢，你们可以换着玩几天。”不要对孩子进行压制和说教。具体要注意一下两点。

1. 征询他人意见

孩子到他人家做客，如果对主人的食品、玩具等有了占有欲，可以叫孩子先征询一下主人的意见。比如，“你问问阿姨，你吃了，他家人够吃吗”或“你问问哥哥，让你玩吗”。这样引导孩子，孩子就会知道交往中要考虑他人的感受，要孩子思考自己吃了他人还吃吗、自己玩了他人还玩吗的问题。要孩子征询他人的意见，别的小朋友想玩孩子的玩具等先要征询孩子的意见。比如，他人家的孩子来家里玩，想吃食品、玩玩具，要先问问自己的孩子“给妹妹吃点吧”、“给小弟弟玩玩好吗”，当孩子感受到自己被尊重的时候，就会去尊重他人。

孩子向他人征求意见的时候，家长要耐心地教孩子说：“你问问小朋友，我可以玩一下你的玩具吗？如果小朋友同意了，你要说谢谢。”当小朋友要求玩孩子的玩具时，可以说：“让小朋友玩一下吧，他（她）的玩具也会给你玩的。”如果孩子实在不愿意让他人玩，可以说：“如果你真的不愿意给小朋友玩，就要礼貌地说，对不起，我现在要自己玩，不能给你玩。”这样引导孩子，不但认可了孩子对物品的所有权，更是告诉孩子，每个人都可以有礼貌地拒绝他人，他可以，别人也可以。

2. 交换的方式

引导孩子向他人征求意见的时候，如果遭到了对方的拒绝，孩子多半都会不开心。这时，就可以引导孩子和对方交换，如“你想玩人家的橡皮泥，就用你的花皮球交换玩吧。”如果孩子不愿意交换，就要这样开导孩子：“你不舍得给人家玩，人家怎么舍得给你玩呢？”如果对方不愿意交换，可以这样对孩子说：“人家不愿意交换，你就玩自己的吧。”

在引导孩子与其他小朋友交换玩具玩耍的过程中，可以让孩子分清哪些是自己的玩具、哪些是小朋友的玩具。孩子交换着玩完后，再拿回属于自己的玩具，如此，不仅使孩子的物权得到了尊重，也让孩子学会了分享。

虽然有时候孩子对于自己特别钟爱的玩具不太愿意分享和交换，但一次又一次的分享和交换，也能让孩子意识到，分享和交换并不会给自己带来损失，相反还会得到玩其他玩具的机会，继而不断地刺激孩子主动分享和交换。

◆让孩子学会分享

妞妞是个文静的女孩儿，平时不爱说话，只喜欢一个人玩。每天晚饭后，妈妈都会带着妞妞到小区广场玩。这里有很多小朋友。妞妞每天都会拿很多玩具，或用裙子兜着，或放在自己的周围，如果有孩子企图拿她的玩具，她就会大喊：“这些都是我的，你不能拿走！”如果小朋友拿走了她的玩具，她就会追在后面，直到把玩具抢回来。时间长了，小朋友都不愿意跟她玩了。

0~3 岁的孩子，会渐渐懂得“拥有”的概念，会非常维护自己的物品，只要感觉有人想霸占自己的东西，就会马上行动起来，去保护它们：“这些都是我的”“你们不准碰”“你不能和他人玩，只能陪我一个人玩”……

该时期的孩子喜欢独霸自己所喜欢的东西，已经认识到“我”“我的东西”“我要”等，他人很难从他手中骗取东西；如果你试图忽视他（她）的独占欲，他会号啕大哭以示抗议，弄得你不知所措。

0~3 岁的孩子不愿意分享，主要跟他们的年龄和生活经验有关，要想让孩子学会分享，需要经历一个渐进的过程。这个年龄段的孩子的分享有什么特点呢?

1. 日常生活经验少，分享意识不到位。三岁以下的孩子知道分享食物，食物就会被吃掉、不可能再还原了，误以为分享玩具也是一样，自己就失去了对玩具的控制权。孩子还不能做到完全平等、自愿地、非功利性地与人共享资源，认为应该先分给自己，确保自己有一份，分给自己多的、大的、好的那一份，会把自己多余的、不喜欢的、不需要的分给他人；分享的时候会以交换为条件，渴望得到家长的表扬。

2. 心理发展水平有限，分享对象有选择。与小朋友相比，0~3 岁的孩子与家长的分享行为更多，其中，与家里人分享比与外面人分享更多；与陌生小朋友相比，孩子与熟悉的小朋友分享更多；与男孩子相比，女孩子的分享行为更多；与新颖玩具相比，孩子更愿意分享普通玩具；孩子的分享观念水平比分享行为水平更高；在家长的要求与教育引导下，孩子的分享观念与行为水平都会显著提高。

3. 家长逗孩子不得当，分享意识被误导。0~3 岁的孩子惹人喜爱，很多家长都喜欢逗着玩，但是逗乐不当会对孩子造成误导。比如，大人想分享孩子的东西，孩子不答应，就假装争抢，孩子被吓着了，以后更不愿意与人分享；孩子本来想答应，但大人却反悔了，想要“独享”孩子的心爱物，孩子大哭，家长却乐了：“看看，小气吧，还是不愿意吧，我是逗你的，不要了，还给你。”孩子爽快地答应分享之后，有些家长会说：“孩子真乖，我是逗你的，你自己留着吧。”孩子误以为分享只是一个游戏，不但他人会原封不动地还给自己，还能得到家长的夸奖，却不明白这是“伪分享”。

4. 家长围着孩子转，分享锻炼机会少。现在的孩子多数都是独生子女，从小就拥有所有的食物、玩具和空间，没有和兄弟姐妹分享的机会。再加上家长支持孩子独享，孩子就容易变得一切以自我为中心，只知道自己有需要，不知道他人也有需要，结果只顾自己不顾他人。

0~3 岁阶段，家长的引导非常重要。如果孩子不愿意与他人分享，家长在日常生活中，不妨多注意以下几方面。

1. 让孩子体会分享的乐趣

在自己的家里，孩子会比较放松，更愿意把玩具拿出来和好朋友分享，因此，家长平时可以多邀请孩子的好朋友到家里来玩。当然，即使是面对孩子的好朋友，也不能要求孩子把自己最喜欢的物品拿出来分享。在好朋友到来之前，可以先把孩子最喜欢的物品收起来，然后再准备一些积木、图书等适合分享的玩具，让孩子和好朋友一起玩，并体会分享的乐趣。如果孩子把某个玩具抓在手里，不愿给好朋友玩，家长也不要强求，要想办法转移孩子好朋友的注意力，例如，给孩子好朋友另一个玩具、一些美食等。

2. 家长做孩子的好榜样

对于三岁左右的孩子来说，学会分享的最好方法，就是模仿。所以，家长平时要多和孩子分享自己的东西。例如，妈妈把同事送给自己吃的小零食带回家和孩子分享，爸爸把自己爱喝的饮料分一半给孩子；家长也可以让孩子把自己的玩具分享出去，大家一起玩。此外，平时可以带孩子去认识朋友，和朋友玩一些平等交换的游戏，孩子想玩朋友手中的小汽车，就要用自己手中的小积木去交换；朋友想看孩子的故事书，就需要拿一盒蜡笔来交换……这样，从交换开始，孩子就能慢慢学会分享。

◆让孩子大方起来，不小气

子涵已经3岁，妈妈觉得，这个年龄应该让孩子学习换位思考，于是子涵每次和其他小朋友接触时，妈妈都会鼓励子涵拿出零食或玩具去和小朋友一起分享。但妈妈很快就发现，子涵虽然不违背她的意思，但内心却非常抗拒，比如，她从包里往外拿零食，让子涵去分给其他小朋友，子涵只要接过一点就会嚷嚷："够了，够了，给我多留点……"

对于子涵的做法，妈妈表示理解，毕竟她才3岁。为了让子涵待人大方，妈妈便亲自给她做示范，比如，跟子涵一起玩玩具，然后交换玩具，告诉孩子：一个人玩"独乐乐"，不如大家一起玩"众乐乐"。面对两种不同的食物时，妈妈会让子涵吃一半，然后再咬子涵的一口，这样就能品尝到两种食物的滋味。

在电影《私人订制》里有这样一个片段：

电视台记者采访葛优饰演的杨重，然后就有了这样一段对话：

记者："如果您有一百万，您愿意捐给那些需要帮助的人么？"

杨重："愿意。"

记者："一千万呢？"

杨重："愿意。"

记者："一个亿呢？"

杨重："十个亿都行！"

记者："如果你有一辆汽车，愿意捐吗？"

杨重："不愿意！"

记者："十个亿都愿意捐，为什么只有汽车不行？"

杨重："因为我只有一辆汽车！"

这段对话看起来似乎有些可笑，可是仔细想想，确实如此。虽然大人在日常生活中也会慷他人之慨，可没有人会无偿地将自己的房子、汽车等分享给他人。因为，这些都是属于自己的财产，不能平白无故地给他人。

对于0~3岁的孩子来说，玩具、零食的价值跟房子和汽车是一样的，二者同样重要。其实，并不是孩子小气，而是大人和孩子心中物品的价值不等同。对于0~3岁的孩子来说，玩具和零食都是真正属于他（她）的，也是他（她）的全部。大人总是要求孩子拿自己的全部送给其他小朋友，就会对孩子造成情感上的伤害。

为了不让孩子太小气，为了让孩子大方起来，家长可以这样做：

1. 不要给孩子贴标签

孩子天生自私，分享能力是后天形成的，家长要理解孩子并允许他们的不分享。不要随意给孩子贴上“自私”的标签，不要对孩子说“如果你不会分享，他人就不会喜欢你，或是你不可以这么自私”。

家长随意的标签会在潜移默化中影响到孩子的心理健康，会让孩子认为自己就是标签下的人，觉得不能拥有属于自己的东西，做事不能只考虑自己；在往后的生活中，他们就会完全按照他人的意愿做事，心里会积累怨气，成年后也会背负着标签生活。家长不能将孩子和孩子的行为混为一谈，要就事论事，因为孩子的行为不代表孩子本身。

2. 给孩子最好的示范教育

0~3 岁的孩子都喜欢模仿，在日常行为中，家长要给孩子正确的引导，教孩子学习。比如，可以这样说：“宝贝，妈妈想和你分享一个苹果，可以吗？”孩子欣然接受后，可以问问孩子分享后的感受如何。其间，还可以和孩子探讨一下，什么东西愿意和人分享，什么东西不愿意分享，然后把不愿意分享的东西收起来。

第八章
文明有礼：受欢迎的孩子都懂文明礼貌

◆礼貌用语，这样教更有效

讲礼貌，是孩子与他人交往的第一步。待人有礼貌，孩子也就学会了基本的交往规则，只要给他人留下好印象，孩子以后就可以交到很多朋友。有教养的孩子多半都懂礼貌，也比较受欢迎。

周末，几个大学校友来家里做客，3岁的明明显得不太礼貌，可是妈妈并不会当着众人的面指责孩子，因为她知道批评和指责只能造成孩子的逆反和不服，而且这种做法本身也是不礼貌的。

客人离开后，妈妈把明明叫到身边，温和地说："明明，妈妈发现你对刘叔叔讲话时不太礼貌，这是不对的。叔叔送你礼物，你应该表示感谢。"

明明有所醒悟地说："哦，我忘记了，对不起，妈妈，我下次会注意的。"

这样，妈妈在事后提醒教育孩子，孩子就明白了自己的错误。

处理相同的事情上，另一位妈妈的做法有所不同，但也取得了良好的效果。

客人送儿子礼物，可是儿子没有运用礼貌用语，妈妈微笑地对孩子说："宝贝，你好像忘记说什么了。"

3 岁的贝贝没有意识到自己应该说什么，这时妈妈对客人说："谢谢您送礼物给贝贝，我代贝贝谢谢您！"

贝贝听了妈妈的话，意识到自己没有表示礼貌，于是奶声奶气地说："谢谢阿姨！"

同样是提醒孩子讲礼貌，两位妈妈都没有当场批评指责孩子，而是运用礼貌的方法来提醒孩子，让孩子体会到了运用礼貌的好处。

讲礼貌是处理人与人之间关系不可缺少的规范，人与人之间的观察和了解，一般都是从讲礼仪开始的。举止优雅、彬彬有礼的人，更容易交到朋友。正如一位哲人所说，有礼貌的人一般都特别谦虚谨慎，从不装腔作势、装模作样、夸夸其谈、招摇过市，他们会通过自己的行为而不是言语来证实自己的内在品性。

文明礼仪要从小培养，让孩子形成良好习惯。那么，0~3 岁的孩子该学习哪些礼貌用语呢？

1. 孩子礼貌用语大全

问候语。比如，"您好""叔叔（阿姨、爷爷、奶奶、小朋友……）好"。

告别语。比如，"小朋友（爸爸、妈妈、爷爷、奶奶、叔叔、阿姨、小朋友……）再见”“请慢走”“请走好”“欢迎再来”。

致谢语。比如，“谢谢”“非常感谢”。

回敬语。比如，“不用谢”“别客气”。

致谦语。比如，“对不起”“请原谅”“对不起，请等一下”。

回敬语。比如，“不要紧”“没关系”。

称呼语。比如，“爷爷、奶奶、叔叔、阿姨、哥哥、姐姐、小朋友……”。

询问（求助）语。比如，“我能为您做些什么吗？”“我能进来吗？”“请您让一让好吗？”“请问”，“请帮忙”“请帮助我一下”，“请您排队好吗？”“请给我玩一下好吗？”

应答语。比如，“请您等一下”“好，马上就来”“你找（叫）我有什么事？”“请您说吧”。

接待语。比如，“请进”“请坐”“请喝茶”“欢迎您”。

提醒语。比如，“请您小心”、“请您注意”“请您别急”。

慰问语。比如，“您辛苦了”。

赞美语。比如，“您做得很好”“太棒了”“您真了不起”“你真能干”“你真漂亮”“这太美了”。

再会。比如，双方告别并约定再见面时说“再会”。

晚安。比如，睡觉前，向对方道别时说“晚安”。

2. 孩子什么时候适合学礼貌用语

0~3 岁的孩子需要学习的东西很多，比如，走路、说话、吃饭、穿衣、游戏等。这个阶段的孩子模仿能力很强，家长完全可以通过亲身示范的方法，教孩子讲礼貌。即使孩子一时不理解尊敬、谦让等概念的确切含义，但只要家长每天都用尊敬、谦让的态度对待他人，孩子也会通过模仿掌握。

3. 不要强迫孩子说礼貌用语

在家长的教育下，0~3 岁的孩子一般都会说“谢谢”“你好”“再见”“请”等礼貌用语。活泼一点的孩子，还会主动跟熟人打招呼。如果孩子比较胆小害羞，不愿意主动向人问好，甚至见到陌生人时，总想躲到大人的背后，这时家长不要硬拉出孩子，让他叫“叔叔”“阿姨”，应该先去除他的胆怯害羞心理。

◆引导孩子从打招呼开始讲礼貌

认生是每个孩子必经的阶段，家长千万不要认为认生的孩子天生胆子小，就要带孩子去挑战这些。当孩子顺利过渡到两岁的时候，多数孩子会变得活泼外向开朗，有些孩子则会继续认生，家长一定要认真反思问题究竟出在哪里。

艾琳今年 3 岁，是个活泼外向的孩子，语言表达能力很强，也喜欢和外界的人交往。唯一的问题就是，特别反感向长辈问好。

住在单位的宿舍楼里，每天电梯里进进出出都是熟人。从艾琳很小开始，妈妈就鼓励她问爷爷奶奶、叔叔阿姨好。1 岁 10 个月以前她还基本上能张嘴，现在越大反而越不懂事了，每次让她问好，她都会扭过头去，甚至大叫表示反抗。

见面打招呼是一种社会性行为，不像吃饭、睡觉等是天生获得的行为，必须经过学习。家长的熟人、朋友对于孩子来说，可能就是个陌生人或不熟悉的人，而跟不熟悉的人打招呼是需要勇气的。当孩子还没有学会真正意义上的社会行为时，家长最需要做的就是做孩子的榜样，做给孩子看。可能，即使认识到家长的做法，孩子也不能把它立刻反映在自己的行为中，家长要耐心地等待。

对于 0~3 岁的孩子的成长，家长都会过于担心；而对于新手爸妈来说，最大的问题是孩子可能会认生。孩子小时候，家里的环境过于安静，怕打扰孩子休息，怕声音影响孩子睡觉……这些原因就造成了对孩子的过度保护，认为孩子长大以后自然就好了。结果，孩子长到 3 岁，该去幼儿园了，出门的时候还会让家长抱，甚至看到人的时候会烦躁不安，人越多的地方孩子越害怕。

0~3 岁的孩子认生究竟是怎么一回事？其实，认生是一种陌生焦虑，是孩子看到陌生人、陌生环境时表现出来的一种情绪，大多表现为哭闹、肢体动作躲避等。孩子认生，并不是错误的行为。孩子出生 6 个月时就能分辨出哪个是爸爸，哪个是妈妈，在 4~8 个月时会出现认生的状况，最喜欢找妈妈爸爸陪伴。8~12 个月是孩子高速发展、最敏感的时期，也是孩子认生最为明显的阶段，家里如果出现了陌生人或来到了陌生环境，孩子的生物钟就会受到影响，12 个月以后孩子这种表现会逐渐减弱。

孩子不喜欢跟人打招呼，原因不外乎这样几个：

1. 被保护得太好

孩子都是家长的掌上明珠，一般家庭中，一个孩子要受到 4~6 个家长的照顾。大人对孩子过度地保护，让孩子感受到满满宠爱，无条件满足孩子的要求，过多的溺爱，会阻碍孩子自我发展和成熟。

2. 性格偏内向

孩子性格有天生的，也有后天培养的，对于0~3岁的孩子来说，其性格表现多数都源于天生。家长如果相对内向，不喜欢说话或沟通比较少，孩子自然也不愿交流。跟他人交流的时候，孩子就会产生障碍，显得比较拘谨。

3. 缺少和外界的交流

生活在城市高楼大厦中的孩子，即使住在对门的人，也可能不认识。孩子缺少与外界的交流，没有更多的机会去参与社会活动，更不能与社会共同成长；无法接触复杂环境，只能待在家中。在这种环境中成长的孩子，就不愿意跟人交流，更不知道在与人交往时应如何表现。即使遇到同龄孩子，也不知道如何该跟大家玩到一起。

4. 家长的教育方向错误

0~3岁的孩子怕生最明显的表现是见到人不敢打招呼，这会让家长认为，孩子没礼貌或不听话。对孩子的羞辱，会刺伤孩子的自尊心，让孩子认为自己是充满罪恶的。0~3岁的孩子还不能将道德与价值相匹配，家长用错误的方式去引导孩子，只能让孩子长大后不敢正视自己，更不知道应该如何面对他人。

0~3岁的孩子，对家长都有着严重的依恋，不管出现任何情绪，家长都要给予认可，给孩子更多的关照，才能让孩子从家长那里得到更多的安全感。当然，培养孩子不怕生要经历一个循序渐进的过程，需要按一定的顺序去做。

1. 培养孩子的自信心

任何孩子都不是天不怕地不怕的，在孩子成长过程中必定要经历一个依赖家长的阶段。家长要正确看待孩子的这种依赖，不要强迫孩子参与，要鼓励孩子懂礼貌，敢讲话。要适当地多给孩子一些关怀和爱护，让孩子找到方法主动地与人打招呼。对于性格内向的孩子，更要多加关心，帮助孩子适应新环境，并解除心中的忧虑。

2. 适当接触陌生人

遵循孩子的内心发展特点，从五个月开始就可以让孩子接触一些不太熟的人，比如，亲戚、朋友，让这些人陪孩子玩一会，逗逗孩子，让孩子慢慢习惯；也可以让家里的其他成员给孩子喂奶，带出去晒太阳，让孩子尽快适应外面的环境，同时也能尽快让孩子多些安全感。

3. 尝试着与同龄人接触

0~3 岁的孩子最容易接受的是女人和孩子。女人在孩子的心中和妈妈的分量一样，和同龄人也比较好接触。同龄人的共同点比较多，共同感兴趣的事情也比较多，所以要让孩子知道，除了家长外，很多熟人都跟自己一样。只要孩子感受到外面人的亲近，内心就不会害怕了。

4. 不要强迫孩子交流

在 0~3 岁孩子的生长过程中，语言能力和思维能力都会不断上升，强迫他们与陌生人交流，孩子可能会在内心产生排斥。要先让孩子熟悉情况，然后跟熟悉的人打交道，接着再让孩子接触陌生人。

◆让孩子学会待客，甘当小主人

让孩子学习如何做东道主，热情、诚恳地接待客人，这样对思想品德、学识能力等的培养都有着不可估量的影响。

上周，一个多年未见的同学带着儿子来郭女士家里做客。

郭女士邀约她们母子住一晚，但忘了跟女儿小美交待。结果，看到母子俩待到晚上了，小美就直接对人家说：“你们怎么还不回家呀，天都黑了。”幸好是熟人，知道孩子还不懂事不太介意，不然还以为小美在赶他们呢。

郭女士对女儿解释，说：“是妈妈不对，忘记告诉你了，今天小姐姐和阿姨要在我们家住！”

小美说：“哦，她们为什么不回自己家住？”

妈妈：“因为回家路很远。”

小美说：“不能坐公交车？”

妈妈：“这个时间，公交车早就没了。”

小美：“可以自己买车。”

妈妈：“好啦，不要再说了，再说就没礼貌了。”

故事中的小美，确实还不知如何待客。幸亏是熟人，如果是关系一般的人呢？这种情况可能就有些让人下不来台了。

在日常生活中，家长要将待客之道告诉孩子，比如：家里来了客人，要问好；在沏茶倒水时，要让孩子跟着学习；客人离开的时候，要教孩子怎么送客。教育孩子，家长要有耐心，使孩子耳濡目染，孩子就会成为一个有礼貌的人。

孩子不喜欢面对客人，可能部分缘于孩子比较内向，但多数原因还是来自家长的教育：

1. 家长没有对孩子进行社交教育

有些家长只重视孩子性格和品质的培养，而忽视了社交能力的教育，致使孩子缺乏相关的知识，比如，孩子认错客人或不礼貌举动，有些家长只会批评孩子，而不会告诉孩子究竟该怎样做。

2. 家长把孩子排出社交

招待客人，有些家长只顾着自己沟通聊天，直接把孩子扔在一边。久而久之，孩子就会认为，自己不是家长们的可交际对象，直接主动地把自己排除在社交外。

3. 不会提前告诉孩子主人家的规矩

到他人家做客之前，有些家长不会告诉孩子主人家里的规矩。因为他们觉得，除了特别熟悉的亲友，这样做不会让主人家显得尴尬。而要想让孩子知道如何交往，就要根据自己对主人家的认识，推测主人家的规矩，并告诉孩子："阿姨和叔叔不喜欢这样子，到他们家就要遵守他们的规矩。"

0~3 岁孩子在礼仪方面需要认真培养，家长应该从小教会孩子懂礼貌。

1. 教孩子做准备

在客人到来之前，至少要打扫一下卫生，否则客人会觉得对他（她）不尊重。其次，还要准备好招待客人的水果、瓜子、茶叶、烟具，并刷好茶具。另外，要打听清楚客人是路过还是专程来，如果是专程来，要准备午餐，也可以直接去饭店。

2. 教孩子迎接客人

如果客人没有提前预约、突然到来，要起身让座，不能坐在那里没有反应；如果是提前预约，应当出门相迎，有必要的话，还要开车去接站。客人如果是长辈，要上前搀扶；客人如果骑着自行车，要替客人推车，替客人取下礼物。客人递过来的礼物，要双手接过来，并对客人说："让您破费了"或"不好意思让您花钱了"。出门相迎时，要穿戴整齐。

3. 教孩子怎样介绍客人

客人进门后，要对客人和在座的人做下介绍。先将客人介绍给在座的人，然后将在座的人介绍给客人。

4. 教孩子热情待客

客人进屋后，如果随身带了东西或穿了外套，要接过来放好；客人入座后，要递上糖果、水果、烟，同时斟满茶双手奉上。如果正值中午，要陪客人一起吃午饭。

5. 教孩子跟客人交谈

饭后要跟客人热情地交谈。先询问客人家中老人的健康情况，然后可以谈一些家常，当然要多谈一些客人感兴趣的话题。

6. 教孩子送客

客人告辞时，主人要挽留，劝客人多待一会儿，表达出依依惜别之情。客人起身，主人才能起身。出门时，要跟在客人后面；如果客人没有开车，可以开车送客人一程；如果客人骑着自行车走，要推着自行车或陪客人走一段路。临别时，要向客人发出邀请：“以后常来。”

◆文明用餐要从小培养

在家中，与家长共同进餐；在社会，与朋友一起聚餐，只要养成文明、儒雅的用餐习惯，孩子将来就能很快遵守社会规范，人际互动也会更加和谐。

从小培养孩子文明的用餐习惯，是家长留给孩子最有价值的无形资产，这种资产是永恒的、无限的；超越万贯家财，是无法用金钱来衡量的。

用餐过程中的每个细小动作都反映了一个人的教养。个人的“吃相”，不是个人私事，在社交场合，与朋友一起吃饭，“吃相”也是一种社交礼仪，文明的“吃相”应从小培养。

3岁的晓晨跟着妈妈去参加同学聚会，在家长互相聊天的时候，为了避免另一个孩子跟他要零食，晓晨一口气把所有冰糖都塞进了自己嘴里。结果，饭菜还没上桌，晓晨就忽然被什么东西卡住了。小脸憋得发青、气喘吁吁，把宾客都吓得半死。幸亏现场有一位医生朋友，紧急急救，才没发生大问题。

开始用餐时，晓晨吵着要妈妈喂饭；看到自己喜欢吃的糖醋里脊上来时，他非得把这道菜转到自己跟前，其他客人一口都没吃上。

席间闲聊，邻座的叔叔指着一盘蔬菜问晓晨：“你知道这是什么吗？”晓晨回答不上来。换了另一个问，又没答上来，晓晨边吃边“哇哇”大哭，哄都哄不住，搞得那个叔叔满头大汗，极其尴尬。

晓晨在聚餐时的表现让在场的所有人都惊呆了。

古人曰“不学礼，无以立”。餐桌虽小，但孩子在这小小餐桌上的言行却体现了家长的层次和教育理念。

公共场合，虽然人们不会直言道出你家孩子缺家教，但一场饭局下来，有些人就会渐渐疏远你。如果与领导同桌，孩子的表现还会让你的形象大打折扣，孩子的吃相也能毁了你。

笔者认为，除了吃的内容，通过孩子吃的态度，也能看出他的人格，这种人格就是教养。

0~3岁的孩子吃相不好，通常表现为3种：

1. 霸道总裁型。看到喜欢的菜就霸占在自己前面，不让其他宾客沾染。

2. 狼吞虎咽型。菜还没上齐，不管三七二十一，先自己吃饱了再说。

3. 皇帝巡逻型。喜欢让家长喂饭，一言不合就发飙。

中华民族素来是礼仪之邦，重视吃相，更注重餐桌礼节。在吃的方面，能够做到有礼有节的孩子，才能让家人从餐桌上收获幸福，使气氛其乐融融。

（1）用餐前（长者先，幼者后），家人各就各位，全家人坐定后，才能动筷。

（2）正确端碗、吃饭：大拇指在碗边缘、其余四个指头放在碗底，并养成习惯。

（3）用餐过程中，保持桌面的整洁。

（4）用餐时，细嚼慢咽，餐食在口中不说话；吃东西，喝汤，不出声。

（5）不翻拣盘中食物，夹有些菜食时使用公筷；筷子上沾有食物时，不夹菜。

（6）用餐过程中，要保持安静。

（7）单手不能同时拿起两种餐具。

（8）不要挥动餐具指向人。

（9）三餐都要定时、定量吃，不偏食、不暴食，珍惜食物，不浪费。

（10）退席时，要将残渣收拾在自己的碗内，坐椅放正；向同桌说告退，要说：“请慢用，我先走了。”

用餐过程中的每一个细小动作，都反映了孩子的教养，在0~3岁的时候，一定要培养孩子有文明的吃相。

下篇

4~6岁是孩子性格、观念形成的关键期

第九章
4~6岁孩子个性和观念的发展

◆特点

好奇心：对周围的事物都感到好奇

好奇是孩子的天性，受认知水平和能力的限制，4~6 岁的孩子对周围的世界往往都充满了好奇，脑袋瓜里充满了无数的疑问：这是什么？那是什么？煤为什么是黑的？雪为什么是白的……在家长看来，这些问题可能有些让人啼笑皆非，但这却是孩子突发好奇心的表现。甚至在好奇心的驱使下，该年龄段的孩子会做出一些调皮捣蛋的事，比如会把家长刚买来的玩具拆得七零八落。对孩子的这种行为，家长一定要正确对待。

小时候，爱迪生对周围的一切都充满了好奇。一天，晚饭过后，小爱迪生依然没有回来。家长很着急，到处找寻，最终在场院的草棚里发现了他。

父亲看到小爱迪生的时候，他正静静地趴在放着很多鸡蛋的草堆里。父亲感到很奇怪，问："你这是在干什么？"小爱迪生不慌不忙地回答："我在孵小鸡。"原来，爱迪生看到母鸡能孵小鸡，觉得很奇怪，就想自己试试。

爱迪生好奇爱问，可是由于问题太多，搞得家人疲于应对，甚至都不想回答。但是，妈妈总是试图帮助他。正是妈妈的耐心和帮助，才促使爱迪生喜欢上了科学，后来成为世界著名的发明家。

心理学家认为：好奇心是个体遇到新奇事物或处在新的外界条件下所产生的注意、操作、提问的倾向。好奇心强的孩子，一般都会对某种事物、某项活动产生求知的欲望、产生兴趣，继而在这种欲望和兴趣的驱动下，去探究、去思考、去学习、去发现，最终找到答案。

对于4~6岁的孩子，知识的海洋永远充满了奥秘，充满了神奇，而这也是促使他们产生好奇心的不竭动力。爱因斯坦曾经说过："我们思想的发展，在某种意义上常常来源于好奇心。"好奇心对于4~6岁的孩子求知欲的培养意义重大。

在孩子4~6岁阶段，要想促进孩子的成长，让孩子形成良好的习惯、倾向、态度和爱好，就要正确对待孩子的好奇心，鼓励和使发展孩子的好奇心。但是，家长也要注意，4~6岁孩子的好奇心一般都只是一时的冲动，要真正使孩子坚持下来，还需要对孩子进行帮助和引导，使孩子把对事物的一时欲望化为长时间的兴趣和动机。

1. 好奇心对孩子的好处

对于 4~6 岁的孩子来说，好奇心能够给他们带来如下几个好处：

（1）在好奇心的驱使下，孩子会主动动脑筋想问题，提高独立思考的能力，这不仅能锻炼孩子的思维能力，还能保护孩子头脑健康。

（2）好奇心重的孩子，总会提出很多问题，能学到更多的知识。孩子思考问题、解答问题的过程，其实也是一个动脑筋思考问题的过程，有利于提高学习效率。

（3）好奇心强的孩子，一般都对周围的人和事物感到好奇，他（她）会不断地进行探究和了解，孩子的社交能力自然也能在潜移默化中提高，有利于以后跟他人沟通交往。

（4）孩子好奇心重，可以扩大视野，增长见识。

（5）好奇心强烈，只要持之以恒地学习，就能培养出足够的耐心和恒心。

2. 如何持续保持孩子的好奇心

要想持续保持孩子的好奇心，就要从以下几方面做起：

（1）亲子共同学习。在孩子成长的过程中，难免会遇到各种状况和问题，家长不要大包大揽帮助解决，更不要急切地给孩子正确答案，要让孩子自己学会思考和判断，培养他们独立解决问题的能力。

（2）多跟孩子做游戏。“德国孩子教育之父”福禄贝尔认为，孩子是通过游戏认识这个世界的。在游戏的过程中，可以激发孩子的好奇心。举例来说，洗澡时，只要通过一些简单的洗澡玩具，就能教导孩子认识“浮与沉”的概念，继而让孩子对物体的浮沉产生兴趣。

（3）鼓励孩子观察与模仿。4~6 岁的孩子虽然还没有清晰的朋友的概念，但是却会学习和模仿他人的游戏行为。他们会通过观察，用眼睛仔细看、用耳朵仔细听，跟着其他人一起唱歌、跳舞和活动，还会纠正自己的错误行为，尽量做到与他人动作一致。即使对方的年龄和自己并不相仿，孩子也会根据个人的能力来调整步调，做出适当的改变。通过好奇心引发的观察和模仿，是4~6岁孩子学习的最佳动力。

（4）营造刺激性学习环境。孩子的感官能力需要有刺激性的媒介来帮助发展，比如：视觉、听觉、触觉、嗅觉等。只有在具备充足刺激的环境中生活，孩子才有机会见识各种事物，并引起好奇心。所谓有刺激的环境，通常都具备两个条件：多样化的内容和开放性的空间。家长平时要多带孩子到商场、电影院、公园或郊外等公共场所，有效刺激孩子的感官和肢体，增加他们探索和认识外界的机会。

（5）适时给孩子提出建议。在孩子的成长过程中，家长要注意观察，了解孩子的需求，并对孩子解决问题的能力的情况进行持续、准确地把握。孩子遇到问题时，家长要尽量减少负面、主观的说辞，例如："你怎么这么笨？""上次不是已经教过你了吗？怎么这次还不会！"要站在客观角度上给孩子提出建议："你要不要用这个方法试试看？"这样，不仅能为孩子确定正确的方向，也能让他（她）感受到家长对自己的尊重。

好提问：语言逐渐形成与发展

婴儿从母体中呱呱坠地后，他们便通过语言和非语言的交际活动，与不断接受人类千百年来积累的经验，逐渐获得大量关于周围世界的知识，发展智力，习得社会道德行为规范。同时，他们还能通过语言理解他人的思想、情感，利用语言表达自己的感受、见解、愿望，倾诉自己的感情，参与社会活动，指导和评价自己的行为。

4~6 岁阶段的孩子，在语言上的发展特点在不同年龄段各不相同，大略地分为几个阶段：3~4 岁、4~5 岁和 5~6 岁。

1. 3~4 岁孩子语言发展的特点

（1）语音方面。在这个年龄段，孩子的发音器官还没有发育成熟，声带较短、较薄，听觉的分析能力也较差，语音的准确程度也不够深。孩子语音听觉表象与语音的动觉表象之间并不吻合，需要进行不断的实践和调整。因此，家长的语音模式非常重要。

（2）词汇方面。要让孩子运用并理解常用词，同时掌握和运用表示周围常见的物体的名词和各种活动的动词，而这些都是由孩子思维的直觉行动性所决定的。名词是代表具体东西的，动词是与具体动作相联系的，所以孩子易于理解和掌握。形容词方面，只教孩子掌握一些易于理解的、能直接感知的、能说明物体具体特点的词即可，较为抽象的形容词对于这个阶段的孩子来说，是无法理解的。

（3）句子方面。句子能够表达一个相对完整的意思，且有一个特定语调的语言单位，由词或词组根据一定的语法规则组合而成。孩子都要经历从慢慢学习表达不完整句到表达完整句，先是萌生词序策略，他会从句子结构中理解词义，在 4 岁前会形成规范的句子词序模式，即名—动—名的句子结构模式，也会套用这一词序理解句子意义。

2. 4~5 岁孩子语言发展的特点

（1）语音方面。4~5 岁孩子语音器官已发育成熟，已经具备正确发出全部音节的生理条件，特别是随着语音意识的发展，他们已经能意识到自己和他人语音中的问题。因此，发现孩子对个别容易混淆的音发不准时，应该及时进行矫正，并重点培养孩子清楚地吐词、调整声音的强弱、富有表现力的抑扬顿挫等能力。当然，要特别着重于孩子言语表现力的培养，让他们初步学会根据表达内容的需要而改变语调，掌握最初步的艺术发音的方法。

（2）词汇方面。4~5 岁的孩子掌握的词汇量大幅度增加，质量上也有明显提高。在掌握对物体的整体认识和名称的基础上，他们会转入对事物各部分的认识，同时掌握各部分的名称。这时候的他们，不仅能正确运用日常活动中的常用动词，还会学习一些意义相近的动词。

（3）句子方面。词序的影响逐渐降低，按句法信息进行反应的能力不断提高，4~5 岁的孩子基本上已经能正确理解多数简单句，还能用完整的句子较连贯地讲述自己经历的事、图片上的内容，还能有表情地朗诵儿歌和复述故事，能大胆、清楚地用语言表述自己的意见等。

3.5~6 岁孩子语言发展的特点

（1）语音方面。5~6 岁孩子的口语具有自身的特点，有短句、自然句多、省略句多，声调富有弹性的特点。该时期的孩子以无意注意为主，有意注意为辅，所以色彩鲜艳、形象生动、会发出声音的东西很容易引起他们的兴趣和注意，因此，要正确引导和培养孩子的注意力。

（2）词汇方面。孩子的语言和认识相结合，词汇更丰富，概念理解逐渐形成，并掌握大量的语言，在生活实践中不断得到巩固。

（3）情感方面。孩子的情感带有很大的不稳定性，易激动，易变化，易外露，常受外界环境和周围人的情绪支配，要正确地教育孩子，逐步养成其自我控制的能力，培养他们良好的品德和性格。

喜学习：已经具备一定的学习能力

儿童学习能力的形成，基本上要经历这样几个发展阶段：

1. 0~1 岁大肌肉活动能力阶段

婴儿是通过爬、翻、滚、抓、旋转、坐等大肌肉的活动来接触世界、了解世界，并开始对外部世界形成稳固的表象认识。婴儿的心理开始从混乱无序状态向有序状态过渡，爬、翻、滚等活动能力就是他们基本的学习能力，家长要给孩子创造培养这个“学习能力”的机会和条件。比如，在家里的地面上铺上地毯，把桌子腿、椅子腿用布包好，以免磕伤孩子，然后让孩子尽情活动玩耍。

如果家长担心孩子摔着、碰着，总是把孩子抱在身上，孩子没有爬行经历，在以后的学习中，就会出现很多问题，比如：不能正确掌握握笔姿势、书写不认真、注意力不集中、学习马虎等。此外，运动技巧也会很差，经常会碰伤自己或摔倒在地；平衡能力、身体协调能力落后，跳绳、打球时显得动作很笨拙；多余动作太多，在精细动作行为方面落后，不能根据对象物体的性质掌握用力的轻重，总会将东西弄碎、弄坏，不会系鞋带、解钮扣，用不好筷子……

2. 2~4 岁感觉动作学习阶段

儿童的感觉动作是学习能力的一个重要组成部分，是孩子智慧发展的基础。当孩子会坐、会走后，就会在动作的基础上形成感觉，并通过动作与感觉的配合做较为复杂的身体运动。

这个时期，孩子能够接丢物体、拍球、抛接球、坐滑梯、骑小三轮车、跳绳、跳远、跑步、玩积木、折纸、剪贴画、照图形绘画等，家长要对孩子进行肌肉精细动作的训练，让他们的身体协调能力得到进一步发展，开始凭借触觉、听觉、嗅觉与味觉等来认识事物，并同时形成较为简单的判断。

3. 5~6 岁知觉动作统合阶段

在大肌肉动作和感觉动作两个阶段的发展基础上，孩子会形成丰富的知觉表象世界。当家长要求孩子做某种事情时，孩子不用先模仿家长的动作，而是通过手势、表情和语言，并根据对这些信息的记忆，完成这项活动。于是，儿童的学习能力也就发展到了知觉动作阶段。

在这一阶段，视觉与听觉学习是儿童最重要的学习途径。

（1）视觉方面。该阶段的孩子开始辨认有意义的事物，能够正确区分经验中的对象与背景，能够辨认相似图形中的不同，能够辨认点线面，并记住呈现的图形与文字。家长要多让孩子看儿童画报、画书，玩拼图游戏和迷宫游戏，到公园看看各种动物，到大自然中去观察。

（2）听觉方面。长到 5~6 岁的时候，孩子开始用不同的语言与不同的事物联系，能够区分不同的发音，并从中提取意义。孩子能够将听到的语言记在大脑中，并按这一指令去行动。这时，家长应给孩子多讲故事，比如，“365 夜”“故事大王”“格林童话”等，讲各种有趣的事，给孩子听各种优美的音乐。听觉能力差的孩子，无法过滤环境中不重要的听觉刺激，总会被不重要的或不相干的听觉刺激所干扰，导致注意力分散。

◆关键点

4岁：孩子的独立性差，但模仿性很强

4 岁时，孩子的独立性虽然还没有培养起来，但有着很强的模仿能力。家长要将孩子的模仿能力充分利用起来，促进孩子快速成长。

田甜今年 4 岁，放假后被送到爷爷奶奶家。爷爷经常带孩子散步，走路的时候总是背着手。田甜看到爷爷这样走路，刚开始觉着很稀奇，故意学着爷爷走路，慢慢地也养成了走路背着手的习惯。

假期结束，田甜从爷爷奶奶家回来。家长看到她这样走路，觉得很搞笑，观察时间久了，发现田甜走路的姿势居然跟爷爷很像。他们把这件事告诉了爷爷奶奶，老人惊呆了，没想到这么短的时间，孩子就学得有模有样。

放假期间，年轻的家长们忙于工作，孩子就没人照顾，只能将孩子送到爷爷奶奶身边。可是，4 岁孩子的模仿能力非常强，他们会不自觉地模仿爷爷奶奶的言谈举止，比如，口音、走路方式等。

4 岁的孩子处于快速学习期，对任何事物都非常好奇，且模仿能力也很强，看到感兴趣的行为就会去模仿。难怪有人会说“什么样的家庭就会

培养出什么样的孩子”。如果家中有人喜欢下棋，孩子也会受到这种氛围的熏陶，时间久了，也会成为一个下棋高手；如果妈妈喜欢唱歌，孩子听爸爸妈妈唱歌多了，也会唱出动听的歌曲；如果爸爸喜欢书法，孩子的书法多半也不会差。

孩子是天生的模仿者，他们的模仿发展规律如下：

0~2 岁，是简单模仿。孩子在这阶段的模仿，也叫即时模仿。从孩子出生后，便会有意无意地模仿家长的表情和声音，慢慢地学会一些小动作，比如，摇手说“再见”、给家长献飞吻、学小动物鸣叫，模仿家长给玩具洗澡、梳头，甚至清洗小袜子、穿妈妈的高跟鞋、学爸爸用牙签……孩子从周围的环境和家长身上模仿一些日常行为，是孩子认知成长的一部分。但这种模仿是即时的，容易忘记，还带有一定的危险性，家长要注意及时引导。

3~4 岁，是行为模仿。这个阶段，孩子的语言表达得到了发展，肢体动作也变得比较熟练，在好奇心和模仿力的相互促进下，孩子的模仿力最强。另外，孩子在这阶段的模仿，跟未来的行为习惯有着直接的正相关。家长最好从孩子习惯培养的角度出发加以引导，比如，让孩子模仿家长刷牙、喝水、做家务……还可以跟孩子玩过家家的游戏，让孩子的积极模仿行为得到加强。

5 岁后，是品格模仿。孩子 4、5 岁后，对家长行为和品格的模仿会日趋成熟，同伴间的模仿也开始发生。他们是热情的观察者，容易被家长的行为所吸引，并进行模仿。从这个年龄段一直到孩子长大，家长在日常生活中表现出来的行为品格尤其值得重视。如果家长不守信用，孩子也会不守信用；如果家长撒谎，孩子也会撒谎；如果家长待人冷漠，孩子也会待人冷漠……

特别地，4 岁左右的孩子模仿力特别强，对孩子主要有这样几大好处。

1. 孩子更健康、更快乐

4 岁的孩子正处于模仿期，对任何事物都非常感兴趣，孩子在与他人的沟通与交流中，通过自己的观察，就会模仿他人的一些行为，模仿得越像，自己就会越高兴。在模仿中，孩子的需求就能得到满足，成长才能更健康，爱自己的同时也会爱他人。

2. 孩子不仅会珍惜自己，也会尊重他人

如果他人给孩子留下的印象是尖酸刻薄，对他人的错误斤斤计较，不懂得原谅，那么孩子也会成为一个这样的人；反之他人有一颗包容的心，能够积极地面对困难，不被挫折打倒，孩子也会珍惜自己的生命。被模仿者如果留给孩子的印象是积极阳光的，那么，孩子也会成为一个积极向上的人。

3. 孩子会成为一个信守承诺的人

孩子从出生以后，接触最多的人是自己的家长，如果家长在生活中能够信守承诺，说到做到，孩子也会意识到诚信的重要性，成为一个信守承诺的人。因此，家长要给孩子树立积极向上的形象。

5岁：懂得合作，能够合作

能否与人较好地协作是决定孩子将来能否成才的关键。现代社会分工很细，任何人都不可能是全才，要想成功地完成一件事，离不开与他人的合作，有时候还要与几十人甚至上百人合作。

合作，是孩子最重要的品质，需要孩子相互尊重和理解，需要对对方宽容以待，需要有错认错……不懂得跟他人合作，即使知识再丰富、智慧再超人，合作起来也会大打折扣。

彩琴是家里的独生女，平常总是自己一个人在家里玩，或者和爸爸妈妈玩。

一天，邻居果果来家里玩。可是果果来了，彩琴还在一个人玩积木。果果在另一边玩小汽车，两个人没有交流。

彩琴想搭一座城堡，可是搭了几遍，都失败了。彩琴急得皱起了小眉头，直接把积木摔了。

果果看到后，走过来想帮忙，彩琴却不领情，一把推开了果果的手。

看到女儿没礼貌，妈妈说："果果哥哥会玩积木，会搭很多漂亮的城堡，你请哥哥来帮帮你好吗？"

"不要！"

彩琴一边说，一边把搭了一半的城堡全部推倒了。

孩子从小就善于与人相处，长大后才会具备团队精神，有很强的合作能力。孩子从小喜欢独处，就不知道如何和他人交流合作，更缺乏与人合作的能力。

哈佛大学曾做过一项调查：他们选取了上千名被公司解雇的员工，当中很多人有工作经验、拥有高学历，才智也比普通人高很多。最终经过调查发现，因不会与人合作而被解雇的概率是因不称职而被解雇的两倍。有些人虽然取得了出色的工作成绩，可是因为不懂与人合作，最终被解雇。

所以，要使孩子在以后工作生活中更加优秀，就要从小培养他们与人合作的能力。

当然，对孩子合作品质的培养，引导是最好的办法。那么，家长该如何培养孩子的协作能力呢?

1. 让孩子成为家长的帮手

在日常生活中，家长要有意识地让孩子为自己提供帮助。家长在做一件事时，可以将部分事情分给孩子去做，让孩子做事的进程与家长保持协调一致。比如，家长做饭的时候，可以让5岁的孩子帮忙择菜。如果打算做茄子炒辣椒，就可以让孩子去洗茄子，妈妈则负责切辣椒。洗茄子看起来很容易，却是体现合作的关键步骤。家长可以根据孩子年龄的不同，给孩子分配难度不同的任务。

2. 多让孩子和伙伴一起玩

孩子最先培养的协作能力，多数是在孩子的玩耍中获得的。鼓励孩子跟同伴一起跳绳、打球等，都可以锻炼孩子的合作能力。如果孩子不合群，可以把伙伴约到家里来，跟孩子一起玩，以便削弱孩子的胆怯心理。很多游戏都需要配合，大家聚在一起，不仅能锻炼孩子的合作能力，还可以锻炼孩子与人相处的能力。在玩耍的过程中，孩子就能发现与人协作的乐趣，今后就会自己想办法更好地与更多人在一起。

3. 让孩子接纳比自己差的孩子

很多孩子都不喜欢和比自己差的孩子合作。其实，孩子协作能力的强弱，往往就体现在他如何对待比自己差的人上。用平和的心态去接纳或改变比自己差的人，是协作能力的最好体现。因此，要让孩子明白，任何人都有长处，与人合作，就是要合理利用他人的长处，而包容他的短处。让孩子和比自己小的孩子一起玩，孩子就容易成为群体的核心，就能尝试着忍耐伙伴能力的不足，就能锻炼孩子的忍耐力和宽容力。这些都是合作能力的培养所必需的！

6岁：兴趣和爱好有了明显的差异

说到6岁孩子的兴趣，典型的就是画墙画。

只要家里有小孩的，多数家庭都会出现这样的情况，即墙面上被乱涂乱画，且屡禁不止。

看到孩子喜欢画画，有些家长就会给孩子报个班，或买个画板让他们画。可是，孩子却不喜欢在纸上画，家长一不注意，他们又会到墙上乱画。

其实，在墙上涂鸦是孩子成长过程中必经的一个阶段。6岁的孩子喜欢到处涂、到处画，但是没有形状，处于艺术和审美发展的初级阶段。孩子之所以喜欢在墙上画，是因为在墙上画方便，既可以坐着，也可以躺着，随时随地都能画，不会限制个人的活动自由；如果在纸上作画，就需要扶稳纸张，不能让它跑了，也不能画到纸外面去。这样对于一个6岁的孩子来说，确实很难。

再加上墙壁几乎无边界，给了孩子更大的空间，所以孩子们喜欢。

孩子涂鸦是想象力发挥的体现，家长要做好引导，不能盲目地制止。可以贴些墙纸，画完后撕掉。当然，如果想降低成本，可以到网上买张白板，画了之后可以擦掉，重复使用。

到了6岁的孩子，其兴趣会表现出明显的差异，比如：

有的孩子喜欢唱歌，总是让妈妈打开收音机，或者收听音乐 APP；

有的孩子喜欢画画，家里的墙壁都会成为他们的画板，甚至还央求去辅导班学画画；

有的孩子喜欢出去玩，只要一跟大人走出家门，就会兴奋很多；

有的孩子喜欢小宠物，比如：小猫、小狗，甚至还会让家长买一只，养在家里；

有的孩子喜欢做手工，家里不用的“废物”，都会成为他们的素材；

……

对于孩子的兴趣，家长要表示支持。

当然，6 岁孩子的兴趣发展一般要经历三个阶段：

1. 有趣阶段

孩子被物体外在的新异形象或新颖的对象所吸引，产生持久注意，发生直接兴趣。比如，颜色艳丽、造型奇特的物体，有韵律的、悠扬的音乐，突然发生的奇异变化等，都会引起孩子的兴趣。该阶段孩子的兴趣具有易变性、肤浅性等特点，比如：孩子正在玩一个色彩艳丽的皮球，如果出现了一个新的玩具，他（她）就会把兴趣转移到新玩具上。

2. 乐趣阶段

在该阶段，孩子会对某一事物或活动产生特殊爱好。随着孩子生理的发展，尤其是大脑神经系统功能的完善，孩子的心理也随之不断发展，乐趣阶段的兴趣一般都定向、且维持时间较长。

3. 志趣阶段

这是孩子兴趣发展的较高级阶段，能与理想和未来目标联系起来，甚至终生不变。

总之，孩子的兴趣是从生理上感兴趣发展到精神上感兴趣，由直接兴趣发展到间接兴趣，是低级向高级、由肤浅到深刻、由狭窄到广泛的渐进过程。由于素质、教育和生活经验的影响，不同孩子的兴趣会表现出一定的年龄差异和个体差异，但每个孩子都要经历这些阶段，一个都不会少。

第十章
世界观：让孩子正确认识世界，不偏激

◆告诉孩子，世界究竟什么样

孩子从一出生，便开始了对世界的探寻：

地球是什么形状的？

星星为何在天上，不在水里？

太阳为何只有一个，不是十个？

水是什么颜色的？

蝴蝶为何会飞？

花猫的爪子上的指甲为何是尖利的？

人们的肤色为何会不同？

我们为何一天吃三顿饭？为何要睡觉？

……

这些充满幻想的疑问，在大人看来是多么的可爱而无知，可是孩子就

是这样一点点来认识世界的。

研究表明，4~6 岁孩子的大脑开始拥有自己的意识，孩子具有强烈的好奇心，这时是家长带领孩子开阔眼界的最好的时候，家长要抓住这个时机，让孩子树立正确的世界观，让孩子拥有自己对世界的独特理解。

在这个年龄段，孩子的大脑可以正常地被外界的事物刺激并产生主观反应，给孩子各种刺激，孩子的大脑就会发展得更加丰富，人也变得更加聪明。具体来说，家长可以通过以下几个方面的刺激，全面开发孩子的大脑。

1. 带孩子出去看看外面的世界

如今旅游成风，但很多家长却觉得，最好等孩子长大后再带他们旅游，其实到那个时候就有点晚了。孩子的世界观已经形成，再带孩子去看世界，除了看新鲜之外，已经没有多大的作用，甚至那时候孩子还可能不愿意和家长一起出去。此外，对于旅游地的选择也非常重要。要选择具备鲜明特征的旅游地，不要总是带着孩子去风景区看花花草草，可以带孩子去动物园、海洋馆、植物园、博物馆、生态公园、名胜古迹等。4~6 岁的孩子都会对不同的东西充满新奇，所以要尽量带孩子看不同的事物，让孩子接触到更多。

2. 带孩子到各地方体验不同的生活

为了让孩子体验到更多，家长可以抽时间带孩子到不同的地方去露营。生活在城市的大人，可以带孩子去附近的农村体验，让孩子了解一下乡间的生活，了解那里的人是怎样生活和居住的；生活在农村里的大人，可以带着孩子到城市里去，让孩子了解一下城市的五彩斑斓。资料显示，在多个地方待过的孩子适应能力更强，更具冒险精神。

3. 通过书本，让孩子学习自然知识

对于这里重点强调的自然知识，平时家长都会给孩子讲述太平洋在哪，欧洲在哪，如果孩子没有亲眼去看，他也是茫然的。多了解自然科学知识，孩子的好奇心就能得到满足，因此家长可以为孩子准备一些关于动物、植物的漫画讲解书，孩子看图，家长阅读。如此，孩子就能在书本上了解很多关于自然科学的知识，眼界也能进一步开阔。

4. 为孩子选择电视节目，让孩子开阔视野

为了让孩子得到发展，家长要放弃自己喜欢看的连续剧，为孩子选择有意义的电视节目，比如：动物世界、儿童节目是首选。当然，也可以选择动画片。不过，选择动画片的时候要慎重，因为该年龄段的孩子都喜欢模仿，如果整天给孩子看一些打打杀杀、宣扬仇恨的动画片，就会让孩子有暴力倾向。

总之，这个阶段要让孩子多看，让孩子觉得世界是奇妙的，而不是一成不变且单调的。

◆引导孩子树立正确的人生观

4~6 岁阶段是孩子人生观的萌芽期，他们会似懂非懂地从家人、老师等平时接触到的人群身上进行模仿和学习，形成初步的人生观。

露西的家庭条件普通，和小伙伴一起玩的时候，她总是羡慕别人家孩子有新玩具、新衣服。露西跟爸妈抗议过，爸爸却回答："咱们家现在没钱，等爸爸有钱了，就给你买各种各样的玩具。"可是，爸爸的承诺从来

没有兑现过，但是这句话却深深烙印在了露西的脑海中，让她认为有钱就可以买玩具，有钱就可以不受人欺负。这天，五岁的露西跟爸爸说了一句让人瞠目结舌的话："等我长大了，就赚很多很多的钱，到时候大家就不敢欺负我了"。

生活中有很多跟露西爸爸一样的马虎家长，没有及时发现孩子的敏感之处，不经意的一句话或敷衍了事的态度，就影响到孩子早期人生观的形成。孩子人生观的培养必须是积极的、正面的、阳光的且不带物质的，孩子才能在快乐的氛围内成长，成为一位内心世界充盈的人。

树立良好的人生观，对孩子的未来发展有着积极的作用。当然，这必须是从小培养起来。万丈高楼都得从打好地基开始，更何况对孩子的培养，更应该从小教起。所以，想要孩子拥有美好的未来，就要引导他们从小树立正确的人生观。

所谓人生观就是一个人对于生命意义的看法，分为消极的和积极的两种。如果想让孩子具有健全的人格，以及积极向上的心态，家长就要引导孩子从小树立正确的人生观，乐观看待世界和人生，让自己变成一个快乐的人。

正确的人生观，有利于孩子养成良好的生活习惯。

正确的人生观，有利于孩子确定远大的人生理想。

正确的人生观，有利于孩子性格的培养，孩子也会更加乐观向上。

正确的人生观，有利于孩子竖立对人生正确的价值判断。

"十年树木、百年树人"！人生观的培养并不是概念的灌输，而是生活中方方面面潜移默化的结果，只有在 4~6 岁阶段让孩子建立正确的人生观，孩子才能在未来的人生道路上走得更远。孩子的人生观需要家长好好培养，这关系到孩子的未来。家长在这方面具体可以怎么做?

（1）从小给孩子灌输正确的人生观，告诉孩子什么是我们应该追求的人生，我们为此要付出什么。在孩子长到 4~6 岁时，就要引导他们树立正确的人生观。

（2）孩子长大些，可以适当让孩子观看一些影视作品，通过生动的画面让孩子明白你讲的道理，明白人生要靠自己努力。通过这些文学作品，孩子就会慢慢喜欢上这些道理，并制订人生计划，由此树立正确的人生观。

（3）鼓励孩子在社会中体验生活，让孩子明确对事物的看法，家长要多跟孩子沟通和聊天，看看孩子有没有进步。

（4）在家里要注意孩子的变化，根据具体情况，制订适合孩子的教育计划；让孩子踏实走好每一步，让孩子正确认识自己。

◆让孩子读历史，拓展视野，提升高度

今天的孩子，接触的文化非常多元，有各种兴趣班、学习班，还有以玩乐为目的的各种早教，但是如果在 4~6 岁时期错过了中国历史故事的学习，以后就很难弥补。这些故事可以融入孩子的心灵，成为他（她）文化底蕴和素养的一部分，决定着他（她）未来的高度和人生格局。

虽然我们不能果断地下定论：从小就懂历史的孩子比不懂历史的孩子未来会取得更大的成就。但是，有一点是可以肯定的：从小就懂历史的孩子比其他孩子眼界会更开阔，思维会更缜密，胸怀会更宽广。

读了周幽王烽火戏诸侯的故事，孩子能够感受到，诚实品性的可贵；春秋时期齐桓公不计前嫌，拜管仲为相，争霸中原，宽容大度、礼贤下士的形象在阅读中也会跃然纸上。

读了三国时期曹操人生旅途的艰险的文字，就能对人生抱有积极的态度，以歌咏志，开阔胸襟和气度。

人类之所以能够构筑文明，就是因为能够立足于历史经验，并重视经验所产生的意义。历史是先人对后来者的经验馈赠，又反映了人类文明数千年来的发展方向和轨迹；知道了文化的根源，了解了文明的传播，就能预估人类未来文化的样子。

历史是一门人文学科，充满了人文主义的关怀，读史是一种精神上的享受。我们不可能到过去，不可能站在十字军东征的战场，不可能在雅典学院披着袍子讨论哲学，不可能饥餐胡虏肉渴饮匈奴血，不可能火烧赤壁舌战群儒，也不可能目睹百万雄师过大江翻天覆地慷慨激昂，却可以在读史的同时想象那些或激昂、或悲壮、或充满哲思、或晦暗的往昔，而这些都是孩子应该拥有的精神食粮。

中国上下五千年，在巨大的历史长河中，经历过多次政权演变与朝代更迭，也曾是世界上最强大的国家，科技成就举世瞩目。让4~6岁的孩子学习历史，能够在很大程度上帮助他们增长见识，拓宽知识面；他们不仅能了解中国从古至今的发展历程，积累丰富的历史知识，还能深入地理解博大精深的中国文化，吸取优秀的传统文化，促进中华文化传承发展。

了解历史，孩子还能具备一种先见的意识和批判性思维。吸取前人的经验教训，孩子在看待不同的人和事时，就能预先形成独到的见解；还能培养他们的批判性思维，进一步提升孩子的思维能力。那么，怎样让孩子学习历史呢？

1. 培养兴趣

要想让孩子喜欢上历史，最简单的方法就是让孩子把书当故事看。所以，史记传奇人物的列传通俗版就是不错的选择。如果孩子不喜欢看史书，也可以看历史小说和影视剧。虽说影视剧演绎成分较多，但也能引起孩子的兴趣和探索欲。比如，可以让孩子看《三国演义》连环画，因为直接让一个 4~6 岁的孩子去啃《三国志》，一点都不现实。等孩子对历史产生了初步兴趣后，就可以引导他们去阅读史书的通俗版和缩略版，然后再看真正的完整版原著。

很多孩子不喜欢背诗，其实诗歌都是在特定的历史环境下诞生的。如果孩子懂得基本的历史知识，每首诗词在他们心中也能变得很有生命力。

阅读“但使龙城飞将在，不教胡马度阴山”，孩子就能知道西汉时期千万将士抗击匈奴的历史。

品读“南朝四百八十寺，多少楼台烟雨中”，孩子就能知道南朝佛教的兴盛，都城建康寺院林立的情况。

背诵“商女不知亡国恨，隔江犹唱后庭花”，孩子就能知道南北朝时期陈后主亡国的事了。

欣赏“羽扇纶巾，谈笑间，樯橹灰飞烟灭”，孩子就能想到三国时期的赤壁之战的场面。

此外，还可以访古旅游。自然风光固然是好，还是要有意识地带孩子去游览历史古城、人文古迹、探访历史博物馆。访古旅游是增加感性认识的重要途径，孩子会觉得历史不是刻板的文字和时间点，而是好玩好看的东西。

2. 方法正确

热爱人文学科的人学习一般都不需要背诵，多看几遍书，自然就能记住了。记忆是必须的，但绝不是背。历史学习是立体的、系统的，人类文明的发展是线性的，很多知识点都能推导出来，乐趣很多。中国的每个朝代，几乎都经历了战乱初定百废待举、励精图治一度繁荣、安逸滋生文恬武嬉、内忧外患终于亡国的过程。建立这种联系后，历史就变得立体、丰满了。

◆告诉孩子，我是中国人，我爱我的祖国

孩子的世界不是真空的，应适当地让孩子了解世界的真相，不仅要让孩子敬畏大自然，还要给孩子分享那些人们主动请缨奔赴一线、国与国相互支持、人与人彼此救助的感人故事，带着孩子一起做些力所能及的公益活动，给孩子以人生观、价值观的渗透，如此不仅是重要的爱国主义教育，更能教会孩子感恩和奉献，让孩子胸怀祖国和世界。

2020 年新型冠状病毒肺炎暴发，周女士经常会给 5 岁的女儿播报一些国内外新闻。从国际间的物资支持、人文关怀，到全国上下、全民一心阻击疫情；从社会各界及海外华人的捐赠、海外华人科学家集体回国，到 10 岁小女孩捐出自己的储钱罐；从 80 多岁带领医疗团队奔赴一线的钟南山，到浑身汗透席地而睡的小护士的事迹；从饱受非议却坚持救人、最终离我

们而去的医生勇士，到自觉隔离保护他人的普通老百姓……举不胜举。

谈到 80 多岁钟南山奔赴一线时，女儿摇摇头，说："不行，这样太危险了，要是回不来怎么办？"

周女士问："如果牺牲一个人，能换来成千上万人的健康，你觉得值不值得？"

女儿若有所思："嗯，这样做对自己不好，但是对很多人好。如果将来需要我去，我也会去的。"女儿还告诉她，自己可以捐出这个月的零花钱。

家庭教育，需要多维度展开：需要注重学习的目的和动力，注重价值贡献和社会责任，注重个人爱好和理想追求。有格局、有理想、有情怀、懂感恩，孩子的生命才能自带动力，孩子的人生之路才能越走越宽。

4~6 岁的孩子，身心发展非常迅速，对世界开始有了自己的印象和理解，会从陌生世界中搜罗各种文化和印象，形成自己的理解，继而通过自己的性格和行为举止反映出来。家长要抓紧时间对孩子进行人格教育，尤其是爱国主义教育。

1. 教会孩子什么是爱

4~6 岁的孩子可能还不知道爱是什么东西，让孩子学会爱国，似乎有些不合逻辑，先要教孩子理解什么是爱，爱是什么感觉，以及如何表达；然后，再慢慢引导孩子去爱国。家长可以从孩子平时接触的具体形象、容易理解的事物着手，比如，教导孩子爱护小动物、爱护花花草草、爱亲人和老师，还有身边的小朋友；教孩子关心他人，为他人着想，这些都是爱的表达方式。然后，再渐渐地把这份爱延伸到家乡、祖国等抽象的事物上，给孩子的爱设置一个过渡期；同时，还要让他们用舞蹈歌唱或绘画的方式，在创作的过程中加深记忆，更好地去了解祖国。

2. 给孩子传递爱国知识

4~6 岁孩子的思想还不足以引导自己的行为，家长不用从具体行为上去引导孩子如何爱国，而是要通过各种感官的启迪，培养孩子对祖国山河、自己家乡的热爱意识，通过感官，比如，图片、歌曲等来增强孩子内心对祖国和家乡的感知体验，让孩子有一个国和家的概念，知道自己是中国人。不过，孩子还小，建立内心感情不可能一两天就能完成，需要长期不断地重复多次，需要孩子多体验，以此培养孩子的爱国情怀。

3. 爱国先要热爱家乡

俗话说："儿不嫌母丑，狗不嫌家贫。"家乡是生我养我的土地，要热爱它的一草一木。如果长假没有外出旅游的计划，就可以带着孩子到家乡四处走一走，看看美丽的风景，给孩子讲讲家乡的发展历史和名人故事，参观或瞻仰一下博物馆和烈士纪念馆，让孩子感受到家乡的美丽和文化的魅力，清楚自己的家乡是人杰地灵、英雄辈出的好地方，增加孩子对家乡的热爱、强化其长大后建设家乡的信念。

4. 外出旅游时随时进行爱国教育

在饱览祖国的大好河山和现代化建设美景的同时，要让孩子爱护大自然的馈赠，文明出行，维护公共秩序。比如：教导孩子不乱扔垃圾，不践踏草坪，不损坏景观和公共设施。此外，带孩子到娱乐场所或尽享美食之际，要告诉孩子幸福生活来之不易，是无数革命先烈抛头颅、洒热血流血牺牲换来的，必须倍加珍惜；要勤俭节约，不浪费饭菜和食物。还可以带着孩子到革命圣地去接受革命传统教育，让孩子重温历史，牢记革命先烈事迹，在潜移默化中增强孩子爱国主义观念。

5. 在家中也可以加强爱国教育

根据孩子的年龄和兴趣爱好，可以对孩子进行适时的教育。例如，看电视、讲故事等，可以因势利导，寓教于乐。还可以给孩子讲国旗、国徽的含义，以及我国的建国史，让他们知道，是中国共产党领导人民浴血奋战，经过艰苦卓绝的八年抗战和三年内战，推翻了压在人民头上的三座大山，赶走了日本帝国主义和反动派，建立了新中国，才有了我们今天的幸福生活。还可以和孩子一起高唱国歌、撰写爱国作文和笔记，等等，让孩子从心底了解祖国、热爱祖国。

第十一章
人生观：让孩子知道人生应该是什么样子

◆幸福观：告诉孩子，什么是真正的幸福

对于家长来说，孩子幸福是他们最大的愿望。那么，什么才是真正的幸福？幸福的意义到底是什么？

孩子进入幼儿园后，家长经常说的一句话就是“快去做功课”，这句话几乎变成了许多家长的口头禅。虽然这样说并不是故意的，但这也代表了家长真正的心里的想法。孩子每天都会受到这句话的“洗礼”，也知道家长是为自己好，自然也就没法反驳，最后只能没好气地回一句：“我知道啦！”或许孩子真正想说的是：“烦死人了，这么啰唆。”可是一旦说出这些话，多半都会跟家长吵一架，所以孩子只能心不甘、情不愿地忍下来。

个性乖巧柔顺的孩子，从早到晚听这句话，很容易被洗脑，顺从家长的要求，认为只要好好学习，所有的问题都会迎刃而解。家长看到孩子这么听话，也就放心了。可是，真的可以放心了吗？

努力学习的目的究竟是为了什么？当然是为了获得好成绩。

获得好成绩又是为了什么？是为了进好学校。

进好学校以后呢？为了毕业以后可以找到一份好工作。

找到好工作，又能怎么样？就能拥有安定的生活和较高的社会地位。

为什么要有安定的生活和较高的社会地位？这个嘛……因为这样才能幸福。只要在经济上不匮乏，在社会上受到肯定，又成立了自己的家庭，就会感到很幸福。

其实，很多表面上看起来幸福美满的家庭，其中的家庭成员却不知道自己活着的真正意义，也没有尝过幸福的滋味，整天只能生活在不安和不满的痛苦中。有的家庭则是家人感情疏离，各自为政，过着孤独而寂寞的日子。

幸福到底是什么？家长必须告诉孩子一句话：为了使他们健康地成长，将来靠自己的力量生活。

按照亚里士多德的观念，幸福是人类生活的最高目的，是家庭美满和事业成功的综合。柏拉图认为，幸福的生活就像两股清泉在心中流淌，一股清泉是快乐，甜蜜可口；一股清泉是智慧，如同清凉剂。两股清泉单独都不能给我们幸福，只有利用自身的力量，使两股清泉合理存在，才能成就理想和幸福。

孩子感到生活幸福的时候，就能快乐地生活下去，就会心中有爱、有希望。该如何使孩子童年幸福呢？

1. 让孩子树立现代的儿童观

每个人的童年都非常重要，童年的幸福是一生幸福的源头，童年的不幸是一生不幸的开端，童年的各种经验将滋润孩子的一生，童年形成的品质、养成的习惯都会影响孩子的一生。每个人的成年都是童年的发展，所以要给孩子爱，首先就要给孩子一个幸福的童年。

2. 创造良好的成长环境

不论生活格局发生多大变化，都要重视家庭建设，注重家庭、注重家教、注重家风，比如：反思家庭生活是否幸福？是不是充满了正能量？是不是健康的生活？

3. 关爱与管教相结合

孩子能否健康成长，根本原因有两个，即能否培养孩子的主动性和自制力。教育的核心是培养孩子健康人格，而培养孩子健康人格的核心就是培养孩子主动性和自制力。如果孩子没有自制力，就特别容易发生问题，所以能否成功地培养孩子，最简单、最重要的标准有两个，一个是看孩子是否具备主动性，另一个是看孩子是否具备自制力。民主权威型的家庭，都是既尊重理解，又严格要求，也就是培养孩子主动性和自制力结合。

4. 养成良好的习惯

简单地说，最重要的教育方法是使孩子养成良好的习惯，习惯怎么养成？说得技术一点，当一种行为或动作持续 21 天以上，就可能初步成为一个习惯。如果能坚持 90 天以上，就可能成为一个稳定的习惯。研究发现，习惯（养成）最简单的方法，一个是暗示，一个是奖赏。抓住这个方法对孩子进行引导，孩子就能产生一种惯常的行为，21 天到 90 天，就可能形成良好的习惯。

◆苦乐观：告诉孩子，吃苦是好事

人民日报在微信上曾发过一篇文章《致沉睡中的大学生：你不失业，天理难容》，批判那些舒服地坐在象牙塔里，虚度光阴葬送自己前程的大学生。当时不少网友表示，荒废光阴的大学生还没有走出学校，就已经输了。

清华大学曾发表的一条声明，让众多网友震惊。

清华大学发布公告，对马克思主义学院两位博士生做出劝退处理。因为他们学习不专心，天天混日子。这两位博士生在读期间，长期沉迷学术以外的活动，未经请假连续两周未参加学校规定的教学、研究活动，根据《清华大学研究生学籍管理规定》取消二人学籍。

这些年，各大院校本硕博学生被劝退、被开除的事情屡见不鲜。一些学生进入大学后，就彻底放松了自己，混学分，混文凭，对学习没有基本的敬畏感，醉生梦死。

其实，世上最愚蠢的事，莫过于在最该努力的年纪，选择了享受，毁掉一个孩子最简单的方法就是，对他百依百顺，不让他吃一点苦。

溺爱不是爱。在孩子成长的路上，有些风雨一定要孩子自己承受，有些苦难一定要孩子亲身体验。

人的一生是不断付出和收获的过程，在这个过程里会逐渐产生两种人，一种人因努力而成功，另一种人因懒散而失败。有远见的家长，一定会让孩子吃苦。

1. 让孩子吃生活的苦

家长都对他十分疼爱，为了把儿子永远留住，专门给孩子起名叫李锁。

李锁8岁时，家长出门还把他用担子挑着，不让他走路。李锁其实挺聪明，可他根本不学，也不做作业。老师只要对他严厉一点，李锁就会告诉他的家长，他家长第二天就会找到学校。李锁有时也试着干活，他家长看见后就说，你到一边玩儿吧，别累着了。

李锁13岁那年，父亲因肝病去世。母亲仍然宠着李锁，一点农活也不让他干。后来，母亲身体越来越差，不得不叫李锁去干活，李锁不想干，一不高兴就打母亲。

李锁无所事事，母亲却承担着所有的农活和家务，最终积劳成疾，在李锁18岁那年，因病去世。

李锁失去了依靠，但依然沉溺于舒适安逸的生活，只愿意懒在家里。

李锁四肢健全、神志正常、活动自如，却懒到了极点。他从来不洗衣服，穿脏了就扔掉，再换一件。村里人给他的肉、菜，他都挂在屋檐上，一直放臭也不做来吃。吃到一顿饱饭后，他就一直睡，有时能睡一两天。饿到不行的时候，再出门讨饭吃。最终被活活饿死。

与其说文中的李锁是饿死的，不如说是懒死的，更不如说是被家长娇惯死的。李锁也许幸福过，但他的幸福也仅限于童年，然后就被自己的家长活活杀死了。他的悲剧让人深思，太过溺爱孩子，只能将孩子害了。

习惯了被呵护的孩子，不知道人世间的风雨。习惯了安逸的孩子，在舒适区里变成了废人，没有一点能力。但是家长对孩子，终究如同进行一场渐行渐远的旅行，总有一天要说再见，只有让他（她）吃生活的苦，他（她）才能享受生活的甜。

2. 让孩子吃困境的苦

曾经看过一部电影，叫作《灵魂歌王》。这是部传记电影，讲述的是美国爵士乐以及摇滚乐人物雷·查尔斯的传奇一生。

查尔斯7岁时，因为青光眼导致双目失明，从此萎靡不振。一天，查尔斯被椅子绊倒在地，看不见四周环境，查尔斯非常恐惧，下意识地呼喊妈妈："妈妈，我需要你，快来救我。求求你了，我很害怕！"

妈妈听到查尔斯的呼唤，赶忙跑过来，想要扶起查尔斯，却又停在了原地。她看着查尔斯趴在地上无助地哭喊，看着他从惊恐趋于平静，看着他擦掉眼泪开始用耳朵感知世界，辨清每一个物品的方向，当查尔斯把手伸向木炭，被火焰灼伤时，她也一言不发，只能默默流泪。当查尔斯慢慢熟悉了黑暗，并感受到了妈妈的存在时，她再也忍不住，把查尔斯紧紧揽在怀里。

巴顿将军说："衡量一个人成功的标志，不是看他登到顶峰的高度，而是看他跌到低谷的反弹力。"有远见的家长不会把孩子培养成温室里的花朵，而是懂得放手，让他们感受困境的苦。

人心都是肉长的，没有一个家长会在目睹孩子不断受伤后，还能无动于衷。但只有让孩子走出自己的保护圈，放手让他感受疼痛、体会到生活的苦，他才能成长，才能在日后独当一面。

陷入困境乃人生的常态；能承受困境的苦，方能品尝生活的甜。当孩子面对挫折时，家长需要做的，不是大包大揽帮他解决问题，而是要培养他解决问题的能力。

3. 让孩子吃学习的苦

学习的苦可以避免，只要不学习，逃避即可。但是生活的苦，逃无可逃，避无可避。一定要告诉孩子，孩子现在不吃学习的苦，将来生活会让他（她）更苦!

2006年高考，河南考生蒋多多主动交了白卷。高考后，她出门打工，但学历不高，加上没有专业技能，找工作的路异常艰辛。她的压力很大，觉得对不起家长，甚至还出现了死的念头。后来几经周折，蒋多多进入了一家技校就读。回忆高考时的行为，她觉得自己简直有点可笑。

2007年高考，考生陈圣章也交了白卷。他的求职之路更加曲折，他做过药品推销、保险公司业务员、公益活动策划、夜总会营销员等，每种工作都做不长久，频繁跳槽。

2008年高考，吉剑曾交了白卷，其实他数学很有天分。高考后，他辗转各地打工。做过餐馆杂工、当过建筑小工，贴过考研海报，给文化传播公司写过软文；他睡过公园边的长凳，为吃饭捡过垃圾换钱。回想起最初几年的打工生活，吉剑泣不成声，认为那时的自己毫无尊严，简直就像狗一样。

十年寒窗苦读，每天两点一线的生活的确枯燥无味，但是跟生活的苦相比，学习就轻松多了。有知识不一定改变命运，但是没有知识，一定改变不了命运。工作时间越久，越能感受到读书的重要，越觉得学习重要。

怕吃苦，苦一辈子；不怕苦，苦一阵子。糖吃多了，孩子就不会感觉甜了，只会感觉腻，自然也不会珍惜；只有吃过苦的孩子，才会明白那些甜有多珍贵。

◆羞耻观：告诉孩子，知廉耻，才高贵

所谓羞耻心就是，在自我意识的发展过程中不断产生的，以自尊心为基础产生的道德情感表现，也是影响一个人行为、品德好坏的内在因素之一。研究发现，孩子长到两岁左右，就会产生不同程度的羞涩感，表现也会因人而异。

中秋节，琳达千里迢迢赶回家，陪伴家长和亲人，明明是温馨的时刻，却让她感受到突如其来的尴尬……

老妈再一次翻出琳达小时候“丢人”的照片，给亲戚朋友们观看。有琳达三四岁时光着屁股在河边跑的照片，有琳达淘气把衣服划破露着肚皮的照片，有只穿着小背心爬土坡的照片……

这些照片从小学开始，就时不时被爸妈拿出来“展览”。琳达觉得，这些照片只能自己看，让朋友和亲戚看到，总觉得难为情；若是被姐夫等亲戚看到，琳达更是难过到想哭。更惨的是，爸妈有时候还会把这些照片拿给琳达小时候的同学看，或者给交往不过三个月的男友看……

每当遇到这件事，琳达的心情都很复杂。而这种感情不仅是不好意

思，而且还带着厌恶和生气。因此，她从小就下定决心：我一定不会这样对待自己的孩子。

孩子没有家长想象得那么单纯。4~6岁，孩子的发育非常迅速。皮亚杰关于认知发展的理论中认为，18~24个月的婴儿已经可以在头脑中思考动作，并寻找解决问题的方法了。在孩子3~6岁时，心理发育的需求主要是对自我价值的认可和肯定，孩子已经能够建立起“自我”的概念了，能够分清自己与其他人的区别，逐渐有了自尊心、自信、虚荣、骄傲、羞耻等多种情绪。

也就是说，对待3~6岁的孩子，要像对待成年人一样，尊重孩子的情绪，培养孩子的羞耻心，可以让孩子自觉地抵制错误，减少不良习惯的养成。一个人的羞耻心需要从小慢慢培养，如果孩子缺乏这种意识，会百害而无一利。

很多家长总是理所当然地认为，孩子还小，不具备羞耻心的认知能力，不会觉得没面子。但实际上，孩子跟家长一样，也非常爱护自己的面子，当他（她）觉得丢脸时，心中所感到的耻辱远远超过家长的想象力。

1. 缺乏“羞耻心”对孩子人生的影响

（1）不知错，不懂得反省。孩子缺乏羞耻心，犯错了也不知道自己错在哪里，不会反省自己的错误会给别人添麻烦，甚至还会理直气壮地认为自己没做错。只有培养孩子的羞耻心，他（她）才能够正视自己的行为，明辨是非。

（2）缺少责任感。很多孩子在还没学会明辨是非之前，一般都不会去思考事情造成的后果，即使捅出篓子，也不会主动地承担后果。家长要培养孩子的责任感，首先要让孩子有羞耻心的意识，让他们认识错误。

家长要理解孩子的小心思，爱护孩子的羞耻心幼苗，避免矫枉过正导致孩子产生反抗心理。

2. 为什么有些孩子到了年龄，一点也不知羞呢

（1）家长的避而不谈，孩子缺乏羞耻感。有一段时间，“南京车站猥亵案”刷了屏，成年男子将一个女孩抱坐在腿上，将手放在女孩的裤子里，女孩由始至终一脸平静，丝毫不觉得有什么不对。在我们国家，很多家长对性教育总是避而不谈，孩子问：“妈妈，我是从哪来的？”得到的回答却千奇百怪：垃圾桶捡的，山上刨的，地里捡的，河里捞的……教育的缺乏，导致孩子不懂羞。

（2）家长疏忽，扼杀了孩子的羞耻心。现在很多孩子都集万千宠爱于一身，在幼儿园表现不好，被老师批评了，不开心了，回家后家长就百般安慰；犯错了，家长觉得孩子还小，不要过于苛刻，认为孩子长大了自然就懂了，也不加以矫正。如此，时间长了，就会错过启迪的最佳时机，孩子的羞耻心就会逐渐淡化和长期不能产生。

（3）家长错误示范，给孩子留下深刻印象。在夏天的海边，众多能说会道的孩子不穿泳衣，在海边奔跑；舞蹈教室门口，大把正值豆蔻年华的小姑娘，被家长拉着在走廊换衣服……家长的一言一行都体现不出羞耻心，还如何培养出有羞耻心的孩子？孩子习惯了这些行为，怎么去养成羞耻心。

3. “知廉耻”是人生必修课，家长应该如何做

（1）善于观察、分析和引导。在孩子做错事时，要激发孩子的歉意，适当地让孩子承担后果，让孩子明白做错事不仅他人会难受，自己也要承

担后果。

（2）家长要以身作则。任何家庭教育都离不开家长的以身作则，只有家长树立好的榜样，孩子才能拥有模仿和学习的素材。在日常生活中，家长可以结合一些实际情况，向孩子说明其中的对错，让孩子学会判断。

（3）尊重孩子，保护孩子的隐私。当孩子提到希望家长保密，家长应理解和保护这种正常而脆弱的羞耻心，不要拒绝，更不能用体罚去惩戒孩子，否则只会使孩子幼小的心灵受到创伤，造成阴影。有些家长在与他人交流中，会不小心透漏了孩子的小隐私，孩子难免难为情，例如，孩子尿床，当孩子懂事的时候，可能就会觉得羞。

◆生命观：告诉孩子，珍爱自己，珍爱生命

如今，在网络上经常会看到一些关于孩子自杀或孩子之间互相伤害，甚至威胁生命的事件。虽然孩子在家里、幼儿园接受了安全教育、生命教育，但是一些令人意想不到或者骇人听闻的事件还是时有发生。

孩子们为什么会出现这种状况？他们出生在衣食无忧的年代里，为什么对生命不珍惜、感觉生活不幸福？任何人来到这个世界，都要认识生命，保护生命，珍惜生命，欣赏生命；都要努力探索生命的意义，实现生命的价值；需要读懂生活，编织美好的生活以及认识生命的宝贵。网络上有过这样的报道：

4个花季女孩，花两元买了两包毒鼠强，把这些药混合在方便面里，

一起吃。虽然后来被村民发现并救出，但其中一个抢救不及时而死亡。后来发现，这些孩子死亡的原因是：有些人想得到漂亮的衣服，有些是因为兄弟姐妹之间的琐事，有些只是因为被家长骂了一会儿……这些琐碎小事，让她们选择了自杀。

这些不珍惜自己生命的残酷做法实在令人尴尬、迷茫和痛心。因为无知，四个孩子一步步走向了歧途，直到发生残酷事实，这是对生命的漠不关心。更令人费解的是，她们不仅不珍惜和关心自己的生命，还没有阻止同伴或提醒不要自杀。

生命需要爱！孩子的生命异常脆弱，没有人能够控制疾病、死亡、意外和伤害，却也不能接受主动放弃生命，这是对生命的不尊重，也是对自己的不负责任。这是每个孩子都应该知道的、明白的事情，家长必须从小对孩子灌输这种观念：生命只有一次，需要好好珍惜，要开开心心地活着，活着比什么都强。

要告诉孩子：你的生命是家长给的。生命非常脆弱，不能轻易伤害他人性命。

要告诉孩子：为什么不能轻易地让生命夭折？因为生命是情意的牵连，从出生起妈妈每天的辛苦就是盼着你一天一个变化：从呀呀学语，到蹒跚学步……生命在于不止息地坚持，生命更在于报恩与情意的美。

要告诉孩子：个人生命时间虽然有限，但有限的生命可以创造无限的奇迹。这世上最伟大的奇迹就是生命活动的痕迹，从思想名著到令人陶醉的音乐，从电的发明到科学探索，生命的价值就在于让世界丰富多彩。

要告诉孩子：生活就像变幻莫测的天气，疾风暴雨后，才会有绚丽多彩的彩虹。人生没有过不去的坎，磨难只能让生命更有力量。而有力量的生命，才能拥有更多的生命感受与奇迹。

很多家长都担心孩子小，和孩子谈论“死亡”会给孩子留下心理阴影，所以回避谈论这个问题。事实上，死亡是生命的一部分，我们可以通过生命教育，让孩子正确看待死亡，明白生命的可贵，教会孩子珍惜眼前、活好当下。

生命教育能唤起孩子对生命的敬畏。对孩子进行生命教育，最主要的目的就是让孩子认识、热爱和尊重生命，怀着敬畏之心去生活，不残害生命。作为家长，可以从日常生活出发，对孩子进行生命教育。

（1）将生命教育融入日常生活。当家里养有植物和宠物的时候，告诉孩子，无论是动物还是植物都是有生命的，人作为最有灵性的动物，也一样。所以，要爱护动植物，给它们温柔的呵护，也要爱惜自己的身体，保护好自己，不让自己受伤害。

（2）通过讲故事和孩子讲明道理。给孩子讲一些关于珍惜生命的故事，让孩子明白其中的道理。也可以和孩子们一起读生命教育的绘本，借助绘本流畅的文字和清新的画面给孩子讲述生命的故事，不仅能给未经世事的孩子带来沉静的感受和温馨的暖意，更能让家长避免尴尬。

（3）借助清明节进行生命教育。清明时节，带孩子去祭祖的时候，可以和孩子谈谈生命观，谈谈先烈对社会的影响。让孩子明白，一个人即使去世了，但他生前的贡献依然会影响后代。要让孩子努力学习，长大后为社会做贡献。

（4）生命教育最好的帮手——绘本。对于家长来说，“死亡”是个艰难的话题，尤其是在面对年龄较小的孩子时。其实，完全可以借助绘本来完成解释死亡的任务。如今，国内外已经出现了大量关注死亡话题的绘本，它们以故事的形式，委婉地向孩子传递生命和死亡的意义，可以帮助孩子更好地解答“死亡”的问题，又可以尽量避免心理伤害。

第十二章
金钱观：让孩子树立对金钱的基本态度和认识

◆认识金钱：引导孩子正确认识硬币和纸币

一般来说，4~6 岁的孩子还没有金钱概念，他们刚开始对钱产生兴趣，多数是觉得钱币上的图案好看、好玩，有些孩子甚至还会用纸币来叠花花绿绿的纸飞机。此时，家长的首要任务就是帮孩子建立金钱概念。

家长可以运用孩子能听得懂的语言，辅之以家庭游戏，从最简单的钱物交换开始，向孩子解释钱的概念，并认识主要的几种币值。之后，可以尝试在收银台前，让孩子为自己选择的一两种小食品，如薯片、巧克力糖、小饼干等付款，让孩子意识到：买东西要付款，家长的付款能力有限，钱用完就没有了。

研究表明，婴幼儿出生时就有超强的整体识别能力和自然记忆能力，3 岁时上述能力达到最高点。也就是说，从出生至 3 岁，孩子的大脑会快速发育。一个人一生所谓天赋的东西，就是在这 3 年里奠定基础发展起来的，而且这些东西足以影响孩子的一生。因此，人们会说“三岁看老”。

虽然这种说法有些偏激，但是也应该看到，4~6 岁是孩子思想最单纯、最天真、最浪漫的时期，也是孩子模仿力、好奇心、学习欲最强的时期。这一时期的孩子就像一张洁白无瑕的纸，就看家长教他们画些什么了。家长在教育孩子认识看待金钱方面可以做些什么呢？

1. 告诉孩子，钱从哪儿来

可以带孩子到跳蚤集市、小区里或幼儿园等场所，参加这类活动。除了家里压箱底的玩具、绘本、旧衣服，还可以买一些手工材料包让孩子做小玩具、小工艺品，拿到集市上卖，孩子就能体验“动手劳作→制作出成品→交易”这一完整的过程了，这对孩子理解货币含义有很大帮助。也可以种一些花草、蔬菜，或做一些艺术画等，当作商品。

参与跳蚤市场，第一件要做的事情就是给自己的商品定价格。薄一点的书要比厚一点的书便宜，大件的玩具要比小件的玩具贵一些……要鼓励孩子思考物品价值和价格之间的关系。

参与跳蚤市场的整个过程，孩子就能：

发现经营中离不开加加减减，既能体验到交易的过程，又能练习算数；

孩子在来回忙活的时候，能明白金钱是需要付出努力换来的；

锻炼孩子与陌生人交流的能力；

感受到卖出商品拿到钱的成就感。

2. 引导孩子认识钱

认识钱，重点是教孩子认识不同面额的钱币、理解面值的大小，还有钱在交易中的用法。

教孩子认识硬币、纸币的时候可以用真钱，虽然钱上有不少细菌，只要摸完洗手即可。不过，比较小的孩子玩硬币时，家长一定要看着，以免孩子吞下去。这里给大家介绍一个简单的游戏，将文字打印下来和孩子一起玩，既能让孩子体会不同面额的钱有不同的“威力”，又能练习加减法。具体玩法是：

（1）爸妈在上面的框中放进想要买的商品，让孩子在下面的框里放上结账需要的金额。

（2）爸妈在上面的框中放进想要买的商品，将整钱放到下面的框中，让孩子扮演收银员，来找零。

（3）爸妈摆出一颗糖对应的钱、5颗糖对应的钱、10颗糖对应的钱，让孩子直观地感受不同面值钱币的价值差别。

（4）爸妈在下面的框中放一定数额的钱，比如20元，让孩子看看，将其全部花完都可以买什么。可以有各种组合，头脑风暴一下。

3. 认识纸币和硬币

4~6岁的孩子可以认识纸币和硬币。不仅要让孩子说出钱币的面值，还要让孩子知道它们代表的实际价值。乘公共汽车时，让孩子去投币箱投币，知道有空调的公交车票比没空调的贵；可以让孩子去买冰棍，知道不同品牌的冰棍价格是不一样的；去儿童乐园时，让孩子知道5元钱可以玩哪几项游乐活动等。待孩子熟悉元、角等小面额钞票后，可以接着教他认识10元、20元、50元、100元的更大面值的钞票。

4~6岁的孩子很难理解抽象的概念，只对具体的东西感兴趣。所以，让孩子完全理解钱的概念并不是一件容易的事情。应该告诉孩子的是：

（1）虽然一元的硬币比一元的钞票面积小，但它们在使用时价值是一样大小的。

（2）孩子可以用硬币换取他们想要的一些东西。

（3）电视上的玩具买回家后并不会像电视上那样漂亮，而且也并非那样好玩。

（4）用玩具存钱罐存钱会很好玩。

（5）并不是你想要的每一样东西都能得到，即使这个东西就在眼前。

◆学会储蓄：给孩子准备一个存钱罐

4~6 岁的孩子对金钱没有概念，只会模仿家长的行为，慢慢养成了花钱的习惯。如果家长可以在孩子刚刚懂事的时候就教给他们如何理财，孩子就可能把花钱变为管钱，并约束自己的花钱行为，避免毫无计划的消费。

罗斯福是美国历史上唯一一位连任四届的总统，不仅治国有略，而且教子有方。

罗斯福非常反对儿子依赖家长生活，从不给他们任何额外的资助。大儿子詹姆斯在大学的时候，一次和同学去欧洲旅游。在欧洲，他相中了一匹马，便用旅费买了下来，想骑马旅行给商家做广告。他给父亲发电报，要父亲寄钱让他回家。

罗斯福总统给儿子回了一个电报。电报上说："来电收知，'祝贺'你做了一笔一本万利的投资，若失利，我建议你游泳回美国来！"詹姆斯接到这份电报后，知道父亲不同意自己随意花钱，很快就卖掉了那匹马，和同学一起坐船回到了美国。

回家之后，父亲给了他们兄弟几个一人一个罐子，告诉他们，这是存钱罐，有多余的钱，就存进去，做好花钱的计划，也为自己以后的事业储备基金。

从此，孩子不但学会了独立，还学会了合理并有计划地支配自己的储蓄。

存钱的习惯很重要。调查显示，80% 的孩子的压岁钱超过 1000 元，5% 的孩子的压岁钱超过 5000 元，对于这部分收入，很多孩子并不知道应该如何科学、合理、妥善地支配，只有少数比例的孩子头脑中有存钱的概念。因此，帮助孩子打理好压岁钱，培养孩子的储蓄习惯就成为家长义不容辞的责任。

给孩子买存钱罐的重要性以及主要体现在那些方面：

首先，可以帮助孩子养成好的习惯。无论是为了养成生活中的节俭品格，还是想要给自己买玩具，都要让孩子认识到不能依靠他人，要靠自己得到想要的东西或给他人买需要的东西，锻炼孩子自律能力和照顾他人的能力。

其次，可以给孩子留下一个美好的童年。家长的童年通常都没有机会得到很好的玩具，给孩子买一个喜欢的存钱罐，他们会开心很久。

最后，可以培养孩子的目标感。孩子看着自己的存钱罐越来越丰满，就会产生一种成就感。所以，给孩子买存钱罐可以培养孩子的目标感，督促孩子把钱存满。

有句话是这样说的，“钱不是万能的，但没有钱是万万不能的。”这句话将钱的必要性表露得很直白。这更告诉我们，必须让孩子养成存钱的习惯。

1. 和孩子一起挑选存钱罐

千万不要小瞧了挑选存钱罐这个步骤。因为存钱罐是孩子每天都能看到的物品，所以当然要选择孩子喜欢的、感兴趣的。可以选一个特殊的日子，比如，孩子的生日、儿童节等，与孩子一起挑选孩子喜欢的存钱罐。家长要引导孩子挑选结实、实用性强的存钱罐，最好是不易取出的，避免孩子随意支出；材料最好选择不易碎的，否则容易摔坏伤到孩子。挑选好存钱罐之后，要告诉孩子存钱罐的功能和用途。

2. 利用存钱罐存钱

家长可以和孩子商讨每个存钱罐里放多少钱，让孩子利用存钱罐养成储蓄的好习惯。当孩子看到存钱罐里存有数目可观的钱时，就会觉得很惊喜，也会明白积少成多的道理；当孩子用积攒的钱买到自己需要的东西时，会比轻而易举地从家长那里得来的更加珍惜。

3. 正确使用存钱罐

自己存的钱，孩子反而更加舍不得乱花。当孩子因为某些临时性的原因，想要动存钱罐的钱的时候，家长要及时作出引导。要让孩子懂得花钱注意节约，存进存钱罐里的钱是有目的地积攒的，不能随意乱花。

记住，一个存钱罐的意义，并不是孩子能否存到钱，更多的是承载着孩子的希望和梦想。而家长则可以通过孩子使用存钱罐的过程，培养孩子积少成多的理财观念，为以后成为“小富翁”打下基础。

◆分配金钱：列出优先次序，让孩子学会取舍

如今的孩子都非常幸福，他们物质优越，零食玩具一大堆，根本不用

担心没钱上学、没钱吃饭。可这也带来一个问题：孩子不珍惜钱，甚至不知道钱是怎么来的。

前一段时间，5 岁的侄子要买玩具，嫂子不想给买，顺口说了句："我没钱"，结果侄子却说："那你用手机买呀！"大家哈哈大笑，却没有人给孩子解释手机里的钱是怎么来的。

孩子之所以会有这种天真的想法，是因为孩子以为手机里有很多钱，不知道钱到底是从何而来，更不明白钱是家长通过辛勤劳动赚来的，只有让孩子意识到金钱的来之不易，孩子才能学会合理分配，避免乱花钱。

新闻上经常有孩子把爸妈的血汗钱打赏了主播或买了游戏设备，动辄几千甚至几万，女大学生深陷裸贷门，大学 4 年男生借贷近百万，不堪重负跳楼，等等的新闻最终给家庭造成了巨大损失，甚至毁灭性打击。家长怎么也想不明白自己聪明乖巧的孩子怎么敢不计后果地去贷款。殊不知，这都是家长对孩子金钱教育缺失造成的。

网络上，曾出现了一段 4 分 14 秒的视频。视频里，男子手持竹板，把孩子堵在床上，对孩子连打了 100 多下。从家长的言语知道，孩子之所以挨打，是因为偷偷花掉了家里的 7000 元钱。对于一个普通家庭来说，7000 元并不是一个小数目，是家长辛辛苦苦流汗赚来的。家长的教育方式虽然有偏颇，但孩子犯的错误也实在太大。究其根本还是孩子不能体谅家长挣钱的不易，也不明白这笔钱对于家庭的意义。

我们都强调要培养孩子的独立性，但独立性的培养不仅包括孩子的自理能力，还包括孩子独立管理金钱的能力。因此，从小培养孩子合理用钱的习惯非常重要。从小给孩子树立正确的金钱观，孩子会受益终身。

给了孩子稳定的零花钱之后，就要教孩子合理使用零花钱，引导孩子建立正确的消费观和理财观。比如，每周可以给孩子 30 块钱，然后让他把 30 块钱做以下分配。

第一个 10 块钱，让孩子自己决定怎么用，可以对孩子说："你买什么小玩具、小零食啊，都可以自己买单了。如果想买什么贵点的东西，你就先别买，多攒几个月。"这 10 块钱的分配，一是能培养孩子的独立自主意识；二是能让孩子学会如何享受生活；三是能锻炼孩子的延迟满足能力。

第二个 10 块钱，让孩子放在支付宝里，用于储蓄和投资。"这些钱要用在关键的时候。有一天你生病了怎么办？家长要动手术怎么办？你失业了怎么办？都要靠这部分钱渡过难关。"这 10 块钱的分配，就是要培养孩子的危机意识。

第三个 10 块钱，让孩子用于共享。什么叫用于共享呢？就是用来做一些好事善事，比如：给亲人送点小礼物，给同学朋友送点小礼物，捐献给其他需要帮助的人。这 10 块钱的分配，就是要让他学会分享，体验和享受"给予"的快乐。

◆零用钱：科学合理地给孩子零用钱

下面有两则真实的故事：

女孩和五块钱

女孩初中住校，每星期回家一次。每周妈妈都会给女孩两元零花钱，那个星期她想要5块，妈妈不给。女孩说，如果不给，自己就不上学。妈妈说："爱上不上，不上，现在回家！"女孩软磨硬泡，妈妈没办法，生气地掏出5块钱，扔到桌子上，一副嫌弃的样子，五块钱正好弹落到地上。女孩颤颤巍巍地捡起钱。事情并没有在这里翻篇，这件事对女孩产生了巨大影响。女孩一直觉得自己很卑微，心里异常渴望钱。

男孩和五毛钱

初二暑假，两个女同学到男孩家串门。他们坐在一起聊天，这是男孩平生第一次与同龄女孩交往。后来，女同学提议去街上转转。男孩身上没钱，便去找母亲，希望母亲给他一点零花钱。妈妈不肯给，男孩再三恳求，最后妈妈掏出五毛钱说："拿去！"男孩弯下腰，捡起那五毛钱，跟女同学一起上街，请她们一人喝了碗大碗茶，然后各自散去。

大学毕业后，男孩经济独立，早已到了谈婚论嫁的年龄，但他一直不肯结婚。他不结婚，也不回家，虽然他知道家长非常孤寂。这一切都缘于那扔在地上的五毛钱。

仅阅读这两个故事，我们并不能看出两个家庭的经济状态，却能感受到一种“贫困”。这种贫困不是家庭的经济，而是精神上所表现的贫困。孩子想要一些金钱，家长做出上述反应，就好像在说我没钱，你怎么还找我要。

在第二个故事中，男孩之所以要跟妈妈伸手要钱，是因为青春期的男孩知礼体面有教养，他知道朋友来访应热情相待。在他伸手那一刻，母亲的形象还是完整的；而母亲却掏出五毛钱扔给他，呵斥他“拿去”，男孩的尊严被伤得体无完肤。最屈辱的是，他需要这五毛钱，因为同学还在外屋等着他，他弯腰捡起这张纸币，尊严也随之碎裂一地，内心也就此四分五裂了。从伸手要零花钱，到弯腰捡起五毛钱，虽然只有几分钟的时间，但在他的心里，却漫长如整个人生。

两个母亲都用金钱带来的权力狠狠地羞辱了自己的孩子。为了不让孩子乱花钱，有些家长索性不给孩子零花钱。这种做法只能导致两种结果：第一，看到他人有零花钱而自己没有，孩子会觉得自己比不上他人，变得越来越自卑；第二，对于自己想要的东西，他人能买而自己只能看着，孩子会变得对金钱十分执着，将来可能会为了钱而做坏事。

给孩子零用钱的意义主要表现在：

1. 让孩子有独立自主的意识。事实证明，从小没有零花钱的孩子长大后会过分看中金钱的能量，更可能因为钱财而变得六亲不认。因此，适量地给孩子零花钱，正是让孩子形成豁达金钱观的先决条件。

2. 让孩子能学会控制自己的欲望。随着孩子的逐渐长大，家长可以帮他规定所收到的钱的使用范围，做一个大致的计划，养成量入为出的习惯。如果孩子的自控力比较差，可以少给一些零花钱，只让孩子用这些钱来解决小零食、小发夹、小礼物等花销问题；而孩子建立起自控力后，就可以多给些零花钱，同时可以扩大他的支付范围。

尽早灌输金钱概念，孩子就不会误认为任何东西都唾手可得，形成一方面欲望膨胀，一方面买到手后迅速地损坏和抛弃物品的毛病；不仅能在孩子心中埋下适度消费、珍惜钱财的观念，还可以减轻孩子入园时的分离焦虑。在给孩子零用钱方面，家长有可能会有以下几点疑问。

1. 孩子不用自己花钱，给他零用钱吗

零用钱不是只给孩子拿来消费、花掉的，其功能还包括：

（1）让孩子学习储蓄。让孩子学习储蓄以备不时之需；或“积少成多”，将来购买更有价值的东西。

（2）作为承担责任之用。例如，孩子弄丢了东西，就可以用零用钱重买（赔偿）一个新的，让孩子学习保管东西以及学会负责。

2. 孩子乱花零用钱，给他零用钱吗

孩子之所以会乱花、乱买，主要在于他缺乏消费的经验和能力，为了积累经验和培养这种能力，就要让他（她）自主地去消费，以便从错误或不愉快的用钱经历中成为一个睿智的消费者。切记：孩子做了错事，家长更应给他提供机会、鼓励他（她）去做，如此才能让孩子从错误中得到教训、习得经验、提高能力。

3. 每个月给孩子多少零用钱

给孩子零用钱，具体数额要应比他实际需要的金额多一点，如果孩子计划使用就会有余，胡乱花掉就会破产。无论是有余还是破产，对孩子都是一种正面学习。

4. 孩子很快就将零用钱花光了，是奢侈浪费吗

如果孩子在很短的时间里就将零花钱用完了，可以了解一下孩子把钱花到哪儿了、如何花的？如果孩子没有这类问题，给他零用钱后，就不要让孩子汇报自己拿钱去买什么了。如果确实不是孩子大花、胡花所致，就是给的零用钱不够才使孩子没有剩余，这时就要立刻调整一下零用钱的金额。记住，只有给的金额适宜（比实际需要的多一点），才能培养孩子的正确使用金钱能力。

第十三章
无所畏惧：勇敢的孩子，最无畏

◆放开手，给孩子独立的空间

接送孩子上幼儿园时，总能听到家长与老师之间的沟通：

送孩子到幼儿园门口时，孩子哇哇大哭，有些家长会和老师说："对不起，今天孩子又哭闹了，请您多关照。"说完就立即离开。有些家长则会说："对不起，我先带孩子回去劝劝，明天再来。"

接孩子时，一位家长温柔地跟孩子说："今天哭鼻子了，明天可要加油好好表现哦。"

该严厉的时候严厉，回家时就应该好好表扬孩子。这才是真正的好家长。

无论孩子多不愿意去幼儿园，回来时却有母亲一句温柔的"今天表现真不错"在等着自己，如此孩子就能克服心中障碍。在家长的守护下，孩子才能安心地茁壮成长。

跟大家分享一个在电视上看到的场景：

职业高尔夫球手横峰樱的伯父横峰吉文在鹿儿岛开办了一所横峰幼儿园。在该幼儿园，一个怎么也跳不过跳箱的孩子成为节目组关注的焦点。

那个孩子下决心说："无论挑战多少次，我都要跳过去！"可是，说起来容易，要想完成却很难。就在孩子快要放弃的时候，家长和其他人都想伸手去帮忙，而女园长却不同意。

孩子发誓一定要跳过去，女园长相信孩子的能力，教导他狠下心来磨砺意志。当孩子顺利跳过跳箱的时候，园长比谁都高兴，抱起孩子一个劲儿地表扬。

看到这种场景的画面，笔者感触良多。在孩子遇到问题的时候，给孩子提供帮助，确实很容易；在一旁默默守护孩子，却不容易，不忍心。这取决于家长能否坚持到最后。

在培养孩子的过程中，为了让孩子茁壮成长，家长要分清何时放手守护和何时出手帮助。

授人以鱼不如授人以渔，适当的时候家长还是要对孩子放开手，让他们独自闯一闯，不能替孩子挡住所有的风雨。家长懂得放手，孩子才能变得更加独立、更加成熟。

在家长的眼里，孩子始终是孩子，不舍得孩子做这个，不舍得孩子做那个，但孩子在慢慢长大，只有大胆放手，孩子才能顺利成长。家长具体需要怎么做呢？

（1）要知道，放手是对孩子的另一种疼爱，现在孩子在吃苦，但这是成长必须要经历的过程。

（2）从小处着手，让孩子感受到这是自己可以做的事情，比如，孩子自己穿衣服、自己吃饭等。这些事情看起来似乎很小，但做起来并不容易。

（3）跟孩子一起学习一件新鲜事，让孩子知道做事的不容易，培养孩子的耐心，让孩子感受努力的快乐。

（4）告诉孩子，每个人都会独立成长，只有具备基本的生活能力，才能提高独立做事的能力。

（5）告诉孩子，家长老了之后，就不能劳动了，就需要你来照顾了，让孩子知道“家长会需要你”。

（6）不要看到孩子哭了，就心软，要让孩子坚持下去，给孩子一点一点加压使其慢慢接受。

◆让孩子胆子大一些

4~6 岁的孩子，情绪很容易受到外界环境的干扰，可能现在在高兴地交谈，片刻之后就不想说话了。这些都是正常的情绪反应。孩子的性格一部分是先天的，一部分是后天养成的。面对困难，孩子一时的回避退缩是在所难免的，只要孩子没有对自己失去信心，完全可以改善。如果孩子在很多时候、很多事情上经常表现出胆怯和退缩，不愿意尝试，不能表达自己的观点和想法，孩子就可能存在过度胆怯的问题。

3 岁半的玲玲胆子非常小，还很怕生，有时候带她去公园，他人跟她打招呼，她都会躲在大人后面，不敢跟他人说话。妈妈本来准备9月1号送她去幼儿园，但是女儿的这种行为让她很担心，担心女儿不能适应幼儿园生活。

谈到孩子胆小怕生时，很多家长都感到忧心忡忡，一筹莫展，担心孩子不敢与人沟通，将来不知如何适应社会。

其实，胆小怕生是一种常见的心理反应，是一种缺乏自信的表现，例如，有些孩子在家里活泼淘气，到了其他环境，就变得胆小怕事、沉默寡言、爱哭等。

生活中，很多4~6岁的孩子都腼腆内向，不敢主动和他人交谈，家长看到后就觉得孩子胆小，担心孩子以后不敢积极面对外界的社会生活。作为家长，确实可能出现这样的忧虑，但是对于孩子胆小的结论未免有些片面。

孩子胆小的原因无非有这样几个：

1. 家长教养方式有问题。比如：①家长对孩子的要求太严，要求孩子像家长一样做事，孩子感到不知所措。②家规太严，孩子会对某些东西感到好奇，却被家长告诫不准摸、不准玩、不准问，久而久之，孩子就会习惯按“规矩”办事，缺少探索精神。③家长脾气暴躁，经常对孩子发脾气，使孩子变得谨小慎微。④孩子无法适应变化的环境，比如，从奶奶家回到家长身边，两代人的教养态度不同，孩子就会变得沉默和内向。

2. 家长保护太多。全家人呵护备至，本该让孩子自己解决的问题，家长都会代劳。家长总是给孩子灌输安全意识，比如：不要和陌生人说话、外面太危险，甚至有些家长还会用恐吓的语气来教育孩子。一旦这些意识在孩子心中落地生根，孩子就会觉得只有跟家长在一起才是安全的，其他地方都不安全。因此，一旦离开了家，便会出现害怕、退缩等表现。

3. 家长忽视了孩子的闪光点。最胆小怯弱的孩子，偶尔也会做出大胆的举动，也许这些举动有些微不足道，但家长也要努力捕捉这些稍纵即逝的闪光点出现的瞬间，给予必要的表扬和鼓励。但现实中，很多家长不但对孩子表现出来的勇敢漠不关心，还会拿其他孩子来比较，说："你这算什么，谁谁比你本事大多了"，"谁在演讲比赛中拿了大奖，你连讲台都不敢上"……这些话语都会伤害到孩子的自尊心，使孩子变得越加自卑胆怯。

4. 家长总是恐吓孩子。巨大的响声、物体突然从高处落下等，都会引起孩子的惧怕，有些孩子就会本能地扑向家长的怀抱以求保护。4~6岁的孩子，认知和想象得到进一步发展，但依然会害怕黑暗、动物、雷电或登高临下等，这些都是正常的心理反应。有些家长感觉管不住孩子，发现孩子害怕某件事物，就找到了约束孩子的法宝，甚至还添油加醋，动不动就以此吓唬孩子。孩子长期处于惊恐不安的情绪中，自然也就胆小了。

要想让孩子胆子大起来，家长就要从以下几方面做起。

1. 不要操之过急

要想让孩子的胆子大起来，需要循序渐进，耐心引导。如果孩子不敢自己去买东西，可先带着孩子一同购物；告诉孩子购物的一般程序，下次再陪孩子去同一家商店，告诉孩子要买多少等。开始时孩子可能不敢说话，家长可以帮他（她）开个头，然后让孩子接着说。几次下来，孩子渐渐熟悉了这家商店后，家长就可以在远处看着孩子自己去购买物品，让孩子单独去商店。

2. 不要当众指责、羞辱孩子

当众指责孩子，只会增加孩子的压力和挫折感，使他变得更加胆怯和退缩。孩子不肯叫人时，不要当着客人的面强迫他（她），也不要说“人都不会叫，是个哑巴”等话。等客人离去后，再耐心教育和鼓励孩子，这才是正确的做法。

3. 扩大孩子的接触范围

要鼓励孩子广泛接触社会，引导孩子与其他人接触，让他（她）在不知不觉中参与到游戏、购物、接待客人等活动中。如果孩子不敢去找他人玩，可以先带他观看其他小朋友玩游戏，当他被他人的欢乐情绪感染时，请其他小朋友来邀请他，并鼓励他（她）积极参与。

4. 放手磨炼孩子

适度的挫折与磨难，对孩子的成长来说，是不可或缺的财富，要放手让孩子自由玩耍。尤其是孩子爱玩沙子、玩泥巴，家长应不去干涉他怎么玩。

5. 鼓励孩子与他人进行交往

在孩子很小的时候，就引导他尽量习惯陌生环境、陌生人。可以带他（她）去亲朋好友家串门，或去公园，但家长要充满爱心，使他有安全感。此外，要鼓励孩子参加社会活动，为他（她）提供与小朋友交往、玩耍的机会。

6. 用游戏的方法培养孩子的表现力

孩子们都喜欢玩游戏，都喜欢融入游戏的情境中。可以用游戏的口吻鼓励孩子在家里进行各种表演。当着家长的面表演，孩子一般都不会感到羞怯。表演的节目可以是孩子喜欢和熟悉的任何题材，比如一首儿歌、一首唐诗、一段舞蹈等。

7. 正确对待孩子的退缩行为

当发现孩子有退缩行为时，不要拿他（她）跟那些善交际的孩子比较，要体谅他（她）的心情；心急而粗暴对待，会使孩子更加恐惧，更不敢与人接触。要积极强化孩子的闪光点，鼓励孩子克服困难。

◆告诉孩子，小伤小痛是成长的代价

一个5岁的小男孩在公园里玩耍，突然摔倒了，趴在地上哇哇大哭。

妈妈走过去，对男孩说："没事没事，不疼哈！"

男孩依然在哭。

妈妈又哄哄，说："男子汉大丈夫，要勇敢，不能随便掉眼泪！"

没想到，男孩哭得更起劲了，这到底要闹哪样？

妈妈生气了，训斥他说："再哭，我就把你丢在这儿！"

男孩吓坏了，抽噎着跟妈妈说："我不哭了。"

妈妈把男孩抱起来，哄了哄，然后带着他离开了。

这样的场景在生活中很常见，不管因为什么，只要孩子一哭，家长都会用"没事""不疼""不要哭"之类的话安慰孩子。但是这样说，一般情况得不到家长想要的效果；时间长了，孩子还会觉得自己喊疼是错误的，以后孩子受伤的时候即使再疼，他也会强忍着。

那么，在孩子摔倒哇哇大哭的时候，家长应该怎么做呢？

1. 理解孩子

孩子走路难免会出现一些小意外，一旦摔倒，孩子就会大哭，趴在地上不起来，眼泪汪汪地看着爸爸妈妈，想让爸爸妈妈扶起来。这时候家长的表现关乎着对孩子的教育。孩子每一次摔倒，家长及时把孩子扶起来，之后孩子就会形成一种依赖，时间久了，孩子再次遇到问题的时候，首先就会来找家长解决。

正确的做法是，赶紧跑过去，先检查一下孩子是否受伤。如果没有受伤，就轻轻拥抱孩子，告诉他（她）："我知道你摔倒了很疼，想哭就哭一会吧。"或许很多家长会说，这样做，孩子岂不是会哭得更厉害？但实际上，孩子多半都会趴在大人身上哭一会儿，不过很快就会被其他事情吸引，忘掉自己刚刚摔疼的事。这样算来，哭闹的时间竟然比之前缩短很多，大人也不会觉得孩子不懂事了。

制止孩子哭闹，背后暗含着强烈的指责意味，孩子就会觉得喊疼是不对的，应该忍着。如果大人说"我知道你很疼"，这时孩子一定会很开心，知道爸爸妈妈理解自己。大人这样说，孩子就能知道，家长跟自己站在同一边，即使满腹委屈，但情感需求依然能得到满足，就不会揪着自己摔倒的事不放了。

2. 正确面对小伤小痛

从理论上说，对于疼痛的感觉，人们的心理感觉发挥着重要作用。之所以有些孩子怕疼、有些孩子耐疼，主要还在于感官方面的区别，但心理暗示的作用也不容忽视。

4~6 岁的孩子好动、活泼，难免会磕伤碰伤、不免会有小伤小痛，让孩子正确对待这些伤痛，有利于他的心理和性格成长。孩子摔倒时，如果目测伤害不是很大，即使孩子哭，也不要着急过去，要鼓励他自己站起来。只要说"没事，自己起来"等话语，就能让孩子感受到家长的关爱。

即使出了点血，或鼓起一个包，也不要太过着急，在语气上要减轻受伤的程度，比如："没事啊，怎么妈妈什么都没看见呢？""身上沾了一点土而已"，因为孩子自己看不见自己的伤口，即使看见了，家长话语间的轻松，也会减轻他（她）的心理负担；家长太过紧张、着急，一惊一乍地说"啊，出血了""肿起来一个大包"等，孩子就会意识到"受了很重的伤"，会更加紧张脆弱。

如果孩子因为疼痛哭泣，可以用其他东西分散他（她）的注意力，让他（她）对新事物产生兴趣，尽快忘记伤痛。经过这样的磨炼，孩子对疼痛的承受力也就提高了，身体忍耐力增加了，精神上才能强大。

对于孩子，家长要学着"舍得放手"。即使感到心痛，也要忍住，不要放任"母爱"或"父爱"泛滥，孩子受点小伤小痛，其实不过是他（她）漫漫人生路上的一点困难而已，让他（她）学着正确面对伤痛，才能让他（她）一生受益。

◆教孩子正确认识安全和危险

勇敢和鲁莽的界限其实很薄，特别是对4~6岁的孩子来说，鼓励他勇敢时，给他进行安全和危险的教育，同等重要。在孩子力所能及的范围内，可以鼓励他（她）自由尝试；当所做的事情超过他（她）的能力范围时，可以适当鼓励，让他尝试一些比较困难的事。如果所做的事情远超孩子的能力，已经临近危险的边缘，就要抓紧时间对他进行危险和安全的教育。

公园有一处两米多高的攀岩墙，身高和年龄达到了一定标准的孩子，都能自由轻松地爬上去。6 岁的晓爽每次跟奶奶来这里逛，都会看到很多在这里攀爬的孩子。观察了几次后，他竟然也想攀岩。

这天，趁奶奶不注意，晓爽来到了攀岩墙脚下。结果，爬到两三个，就掉了下来。奶奶发现了，走过来。看到晓爽的样子，呵呵一笑："你也想攀爬？"晓爽点点头。于是，晓爽再次爬了上去，不过奶奶却用手托着他。

回到家里，奶奶开始讲述晓爽的"壮举"，晓爽妈听了，便开始了灌输"危险"教育："攀爬不适合 6 岁的孩子玩，等长大一些再去玩吧。"晓爽有些不高兴。

妈妈对此看在眼里，问："平时攀岩的都是多大的孩子？"晓爽说："都比我大。"

妈妈分析说："你这样不是勇敢，而是危险！万一不小心掉下来，摔坏了怎么办？"

晓爽想起自己摔屁股的情景，答应说："以后，我不玩了！"

4~6 岁的孩子对一切都感兴趣，可是有些地方是危险的，并不适合他们去。比如，水池、马路、过高过险的地方，如果孩子不知天高地厚地去闯，就要将利害告诉他们。时间长了，孩子就会认识到危险的伤害，知道哪些东西是危险的，哪些东西不能玩。

当然，如果孩子还不太清楚，可以陪着他（她）经历一次危险。通过比较，孩子大概就能懂一点高低的概念，知道高意味着危险，低则代表着安全。

勇敢不是鲁莽，勇敢是力所能及地去做，力所能及地去尝试，但更要懂得回避和放弃，否则就是冒傻气了。只有让孩子明白危险和安全的概念，记住一些基本的安全知识，才是从根本上帮助他们。

虽然家长平时也会给孩子灌输一些安全的概念，可是在孩子的成长过程中，危险随时存在，家长不可能一直跟着孩子，既然如此，就要防护和减少危险的发生，这是在陪伴孩子成长过程中不可缺少的一堂课。

对于 4~6 岁孩子的安全教育，应从小开始，不能心怀侥幸。只有让孩子学会自我防护，才能预防危险的发生。

1. 教孩子认识危险

4~6 岁的孩子没有很好的认知能力，不知道什么是安全，什么是危险，在他们眼里一切都是好奇的，都想要尝试，但一旦触碰了危险的东西，结局是难以想象的。因此，家长要让孩子明白危险是什么、危险从哪来。可以结合生活细节给孩子讲绘读本，给孩子讲明危险和安全的区别；可以通过夸张的动作和形象的比喻来告诉孩子电源是危险的，不能触碰，刀具是危险的，不能自己去拿。只有孩子知道了物品的危险性，才会放弃触摸或探索。

2. 做好防范危险的准备

出门在外，要告诉孩子，要提高警惕，特别是对陌生人更要有防备意识：不要给陌生人开门，不要跟陌生人随便说话，更不要接受陌生人给的东西……陌生人有太多的不确定性，有太多的危险，孩子年龄太小，无法分辨好人坏人，一旦轻信他人，就可能会招来不可控的危害。

3. 告诉孩子交通危险的知识

平时带着孩子外出，过马路时，要随时给孩子灌输交通安全问题的常识，比如：不能在马路上玩耍，要远离行驶的汽车，与车辆保持较远的距离，过马路一定要走人行横道……家长要随时随地地给孩子讲述交通安全问题，让孩子熟悉每一个涉及危险的环节。

4. 教孩子使用急救电话

要告诉孩子：遇到危险，如果家长不在身边，一定要拨打 110 等报警电话。警察叔叔是值得信赖的人，能够快速帮孩子摆脱危险。

第十四章
言行果断：少了犹豫，孩子的成长就会多一份助力

◆告诉孩子，想好了，就去做

自信心是孩子成功的基础，没有自信，孩子其他方面的发展也很难有进步和起色。从心理学观点看，4~6 岁是儿童发展自信心的关键期，对成年都有重大影响。

自信心是儿童社会性发展的一个重要方面，对孩子的身心健康、和谐发展具有促进作用。4~6 岁的孩子，个性品质的可塑性都较强，要让孩子相信自己的力量。可是，目前多数家长只重视孩子智力的培养，忽略了孩子心理素质的培养，使许多孩子表现得胆小、懦弱，缺乏自信心。

自信心强的孩子，有勇气做决定，会不屈不挠地完成自己的选择。有主见的孩子多数都不缺乏自信心，甚至在人际关系中，也会自信满满、充当孩子头儿；而没有主见的孩子，在集体中只能处于附和的角色，喜欢随大溜，很容易被有主见的孩子说服。

比起跟在家长身后亦步亦趋的孩子，有自信有主见的孩子会在未来有更大的发展。那么，怎样培养孩子的自信心呢？

1. 以积极肯定的态度评价孩子

肯定鼓励是培养孩子自信心的重要手段，能激发孩子内在的动力，家长对孩子应少批评多鼓励，要了解 4~6 岁孩子的心理特点，尊重和信任他们。对自己尊重、崇拜的人，孩子一般都特别重视，家长的一言一行都会直接影响孩子。比如，孩子不会系鞋带，家长无意地说“你真笨”，也许就能影响孩子的一生。孩子可能会怀疑自己的能力，渐渐产生自卑感。家长要对孩子饱含期待，不能批评训斥，要用充满期望的目光及话语跟孩子沟通，给孩子无限的自信；要观察孩子的每个进步，用爱抚、点头、微笑、夸奖等方法对孩子进行鼓励。如此，孩子才能更加自信，做事才能果断，才能激起其继续上进的愿望。

2. 少给孩子负面的情感体验

家长夸奖孩子“你真棒”“你是最聪明的孩子”等，会使孩子兴高彩烈，获得一种情感上的满足，如此他就会对自己充满信心，就能将事情做好。反之，批评指责孩子“你真是太笨了”“我怎么养了你这个不争气的孩子”，则会使孩子畏惧、丧失自信，难以认可自己，继而对自己作出较低的评价。因此，即使生活或工作中遇到问题，也不要在孩子面前流露。孩子是家长的一面镜子，孩子最初的自信就来源于家长，要想让孩子获得信心，家长就要转变教育观念，提高自身素质，密切关注、重视孩子。

3. 引导孩子学会正确地自我评价

家长对孩子的积极评价，虽然能帮助孩子树立自信心，但是还远远不够，必须让孩子学会正确评价自我。只有孩子对自己的能力有了较为客观、正确的认识，才会树立起对自己的信心。例如，孩子之间发生争执时，不要快刀斩乱麻似地及时解决，要有意识地引导孩子认识问题，引导孩子学会正确解决问题和处理矛盾。孩子遇到困难时，先要鼓励孩子自己想办法，促使孩子更自主、更独立，让孩子体验到克服困难、获得成功的喜悦，从而相信自己。

4. 打造良好的同伴关系

每个孩子都有自己独特的地方，有些孩子善于跳舞，有些孩子善于唱歌，有些孩子关心他人等，在自己喜欢的领域，他们都会非常投入、非常自信。家长要充分了解孩子的特点，帮他们在相应的活动领域中获得成功，使孩子建立起自信，促进其他方面的发展。比如：在拼插和搭建活动中，让孩子根据自己的特点和优势，有选择地操作，孩子就能得到锻炼和发展。而如果孩子不知道如何和其他孩子交往，在新的环境下，就会感到不知所措。家长要发挥好自己的主导作用，教给孩子正确的交往技能，鼓励孩子与同伴交往。

5. 家长跟教师一起努力，建立好的联系

家长要经常与教师保持联系，进行交流，了解孩子在校的情况，取得老师的配合，使孩子得到更好的发展。

◆告诉孩子，做事的时候，不要缩手缩脚

古希腊诗人奥希赫德说："什么事都自己动脑筋的人是最值得称道的。"善于动脑筋的人，通常都是能独立思考、有主见的人。有主见的孩子可以赢得对人生的把握，才能对自己的未来充满自信心，才会渴望实现内心的无数想法。如果不想让孩子永远牵着自己的衣角，犹豫不决又畏畏缩缩，就要给孩子尊重、独立和自信！要想让孩子行动果敢，就要直接告

诉他们：做事的时候，不要缩手缩脚。

儿子正在读幼儿园大班，前些天老师布置了作业，让孩子买包种子，自己浇水照顾直到发芽。儿子回家后，一脸茫然地望着妈妈，既不知道要买什么种子，也不知道该做些什么。

王女士只好带着儿子一起去花市买种子，正好遇到了儿子的同学。当时，那个小朋友正在摊位上选种子和花盆，最后还自己付钱给老板，她妈只在旁边看着。

看着“别人家的孩子”，再看看躲在自己背后一脸呆呆的儿子，王女士心里感叹。

家长都希望自己的孩子能够有主见，可很多孩子做事都会犹豫不决，期盼家长来帮自己拿主意。那么，到底问题出在哪里呢？

1. 家长不给孩子做主的机会。有些家长把孩子当成一个缺乏自主能力的人，过于担忧，过于焦虑，包揽了孩子的一切日常事务，从穿衣吃饭到读书学习。这样做，只能让孩子失去独立思考的机会，连日常小事都无法自己决定，长大后就会更加依赖家长。

2. 家长太严，孩子害怕承担选择后果。有些家长对孩子过于严格，只看重孩子做事的结果，因此，当孩子依据自己的情况作出决定时，也要承担相应的风险，比如，失败之后，家长的严苛责备。孩子就会觉得既然自己做决定风险那么大，不如把选择权交给家长，久而久之，孩子就会将决定权都交给家长，自己没有主见，只会逃避责任。

3. 家长只要求孩子听话。很多家长最喜欢对孩子说的一句话是“听话”，孩子是否听话也就变成了他们评判孩子的关键依据。然而，有主见的孩子一般都不太乖，他们只会听从自己的内心。孩子和家长之间形成一种博弈，为了成为家长心中的“好孩子”，孩子就会屈服，慢慢地也会变得没有主见甚至遇事犹豫。

做事缩手缩脚的孩子，一般都是缺少主见的。而事实证明，只有有主见的孩子，才敢于做出选择，敢于走自己选择的道路。在这个过程中，孩子的掌控感会最为强烈，进而产生极大的满足感，自信心就会越足。那么在这方面家长应该怎么做呢？

1. 鼓励孩子的每一次尝试

孩子取得了进步，家长就要鼓励。不管迈出这一步的结果如何，但孩子在抬脚的那一瞬间，就已经胜利了，自信心就会悄然萌芽。这时候，家长的鼓励可以让他们放下对失败的恐惧和担忧，轻装上阵，迎接挑战。要告诉孩子，无论做出什么样的尝试、得到什么样的结果，父母都会在背后给予最大的支持和安慰。

2. 帮助孩子从失败中站起

教育孩子时，过程永远比结果重要，即使孩子收获的是失败。当孩子失败时，家长要给孩子一些安慰；然后，跟孩子一起分析问题的原因，帮孩子从失败中站起来，并鼓励他继续努力。只有化失败结果为经验教训，才能使孩子的自信心不再受到摧毁。

◆告诉孩子，虽然做错了，也没关系

人生中的失败是不能避免的，问题是，一个人已经遭遇失败了怎么办？很简单，承认失败。只有先承认失败，然后才能战胜失败。但是，长期以来，很多家长在教育孩子时，总给他们灌输“不服输”的精神。

其实，不服输往往意味着不愿意承认失败，不愿意接受失败的后果。这样做，不仅不利于孩子学会坚强，而且多数只能得到相反的效果，孩子在争强好胜、不服输的鼓动下，不是变得越来越坚强，而是变得越来越脆弱。

不服输实际上就是输不起，失败者不仅不愿承担失败的结果，而且说明自己内在的精神、意志也被失败击垮了。当孩子提醒自己不服输时，恰恰说明他（她）在精神上已经输了，他（她）之所以不服输，主要是想通过这种自我暗示来减轻心理上的失败感。而这也正好说明，一个人如果总是不服输，总是不承认失败，就始终都无法摆脱失败感，无法从失败的阴影中走出来。

对于4~6岁的孩子来说，家长和社会对他们的要求和预期越高，他们就越害怕失败，越害怕失败就越难以接受失败，一旦失败，就难以摆脱失败感，甚至长期浸泡在失败的阴影中走不出来。令人担忧的是，现在受失败折磨的孩子越来越多，且有低龄化的趋势。对于4~6岁的孩子来说，失败仍是不可避免的，就像竞争是不可避免的一样。如何对孩子进行引导呢？

（1）孩子产生失败感后，家长要尽快帮助他走出失败的阴影，摆脱失败感的纠缠，关键是让孩子承认失败，坦然面对失败，不仅赢得起，还要输得起。在孩子成长阶段，家长要让孩子做好忍受失败的打算，培养孩子对失败的承受力。毕竟，一生中所遭遇的失败的次数要远超过所获得的成功的次数。成功与失败如果有一个比例，应该是1∶9，经历九次失败，才可能取得一次成功。

（2）要让孩子知道，人生中失败如此频繁，失败了又不敢承认，精神上就无法摆脱失败的阴影，反而不利于保持积极的心态、维持健康的心理。失败了，就要敢于承认失败，不承认失败，并不能表明自己坚强，只能说明自己脆弱。

（3）家长平时给孩子灌输不要认输的观念是对的，但如果孩子输了，就要让孩子承认失败，并告诉孩子：失败了就是失败了，没必要责怪自己，要从失败中学习经验教训，避免下次的失败。

◆引导孩子果断拒绝对方

把他人的需求摆在第一位，而轻视自己的需求，是一种自我价值感低的表现。过分在意他人是否高兴，甚至不惜牺牲自己来满足他人的要求，只能伤害自己，容易形成“讨好型”人格。懂得拒绝的孩子，人际关系会更加健康，未来幸福感也会更强。不会拒绝的孩子，未来会过得很辛苦。在 Twitter 上曾看到这样一个热帖：

妈妈带孩子去公园玩，孩子在摆弄自己的新玩具，一群孩子围上来，有几个孩子伸手想去拿他的玩具。儿子吓坏了，不知所措地看向妈妈。这时，妈妈说了一句话：“你如果不愿意，就对大家说。你不想，要学会拒绝。”

该妈妈的做法，在 Twitter 上获得了 20 多万的点赞。因为多数人都知道，小时候说“不”没得到家长的认同，长大后很容易不会拒绝他人而委屈自己。

生活中，许多孩子都害羞胆小，面对他人的请求或直接上手的行为，不敢拒绝，但心里又非常不高兴。只有学会拒绝，才能守住人与人的边界感，自己的内心才能被尊重。

不懂拒绝的人，一般都很在意他人对自己的评价，也很难接受他人对自己的拒绝，会认为自己不被喜欢，就觉得难过、没面子、愤怒，心理比较脆弱。而敢于拒绝的人，自我价值感通常都比较高，他们会尊重内心的感受，有清晰的自我边界。那么，怎样引导孩子学会“拒绝”呢?

1. 让孩子学会说“不”

面对他人的请求，有些孩子一开始也会说“不”，但是因为家长的阻碍，孩子反而不说了。既然分享是一种美德，那分享应该是双方都感到快乐，而不是一方被逼着分享，成全另一方的快乐。对于那些敢于直接说“不”的孩子，不要阻止。如果孩子不敢说“不”，可以引导他学会委婉拒绝，比如，“我再玩一会儿就给你玩儿”。

2. 教孩子学会推迟满足他人的请求

如果孩子不想答应他人的请求，家长可以教孩子用一拖再拖的办法，推迟他人的请求，比如，“我想好了再跟你说”，“我再考虑考虑”等，都是委婉拒绝他人的方法，他人也会从孩子的推迟中明白他的意图，双方也就不会过于尴尬了。

3. 告诉孩子，拒绝也是对友谊的保护

如果自己不情愿做某件事，而又不好意思说出口，自己勉强为之，时间一长，就会认为朋友不体谅自己，反而破坏了友谊。例如：同学周末想邀请孩子去打乒乓球，而孩子想打篮球。就让儿子坦诚地对同学说我对乒乓球不感兴趣，想去打篮球。再见面时，俩人可以聊聊打球技巧，还可增进友谊。

4. 尊重孩子的意见

有些家长比较强势，不喜欢孩子反对自己，即使孩子有意见，也会抛之脑后；孩子与自己意见相悖，不是直接呵斥就是充耳不闻。他们喜欢给孩子包办，挂在嘴边最多的一句话就是“你听我的就行”。可是，什么事都听家长的，孩子就无法学会独立思考。

第十五章
甘于忍耐：能够忍耐，孩子才能健康成长

◆告诉孩子，无论怎么发脾气，都是徒劳无功的

6 岁这个时期是孩子情绪管理的重要分水岭，如果这个时期孩子无法集中注意力，性格急躁、爱发脾气、易怒、悲观、具有破坏性，或者孤独、焦虑，对自己不满意等，会在很大程度上影响孩子的个性发展和品格培养。负面情绪经常出现而且持续不断，就会对孩子产生持久的负面影响，进而影响孩子的身心健康与人际关系。

有这样一则新闻：

周末，一家三口到广州的亲戚家做客，结果逛街的时候，孩子突然发脾气跑到马路上，妈妈就去拉孩子，孩子看到妈妈追来，就往外面跑。当时，正好一辆大货车驶来，孩子就被压着了。妈妈因为拉着她，脚部被碾压，面临截肢的风险。

因为一些小事，孩子就发脾气不让拉着，导致这样严重的后果，不得

不引起我们的反思。

谈到“孩子发脾气”这个话题，很多家长都表示这种情况很普遍。现在的孩子，多数都娇生惯养，比较任性，因为一些微不足道的原因，总会发脾气。但发脾气看似是小事，却能造成非常严重的后果，而且，发脾气是有惯性的，经常发脾气的孩子，更易被激怒。

通常情况下，4~6 岁的孩子在独立性和自我意识上都有了明显的增强，家长的包办代替和一味的摆布，会让他们感到反感，他们会出现“反抗”的苗头，这时候孩子虽然想自己独立做事情，但由于能力不足、思维具有片面性，往往容易弄巧成拙，当他（她）的想法不能由自己实现时，就会着急、发脾气。

随着年龄的渐长，到了 6 岁，孩子的生理、心理等都会稍有成长，也会变得更敏锐，这个时期的孩子也是最难应付的。特别是进入小学后，孩子更容易感到紧张和疲倦，总是喜新厌旧，注意力也难集中，很容易发脾气。为了消除不健康情绪对孩子的潜在危害，家长就要帮孩子克服爱发脾气、任性、急躁等不良情绪。当然，要想解决问题，先要知道问题究竟出在哪，要搞清楚孩子为什么发脾气。

孩子爱发脾气的原因主要有以下几个：

1. 孩子平时受到过分宠爱，遇到批评或相反意见时就无法忍受；孩子大发脾气时，家长屈服，遵从孩子的意愿，孩子就会发现发脾气的妙用，把发脾气当成索取的工具。

2. 家长长期不在孩子身边，短暂的相聚恨不得给孩子所有补偿，即使知道孩子的要求过分，也盲目满足。当孩子欲望得不到满足时，就会大发脾气。

3. 有些家长情绪不佳或比较暴躁，孩子经常会莫名其妙地受责骂，长时间的压抑或不满，孩子只能用发脾气来发泄。

婴幼儿时期孩子只会用哭声来表达各种需求，比如，尿了、拉了、饿了、困了等，这是一种生存的本能。随着孩子的心智发展，除了哭，孩子还会逐步学会用语言以及非语言的表情、肢体动作等表达自己的意思。但对于低龄的孩子而言，语言表达能力尚不完善，只能本能地用哭闹、发脾气等来表达自己的需求和欲望，这是很自然的事情。所以，当孩子发脾气甚至哭闹时，家长要淡定地接纳孩子的一切表现，孩子越闹，你越冷静。在这方面家长应该怎么做呢?

1. 制止孩子的不良行为

比如，孩子砸东西、打人，要控制住孩子的小手，告诉他（她）这是不对的，会把东西弄坏或把对方弄痛。

2. 引导孩子用合理的方式去宣泄

处于强烈情绪中的孩子往往都听不进去家长的话语，可以对孩子说："如果你还很生气，可以试着打枕头、撕报纸，或者找个没人的地方大喊几声'我很生气'，这样你就会好受很多。"同时，可以将可供发泄的材料递到孩子手里，甚至不妨做一些示范。

3. 孩子情绪平息后，跟孩子进行沟通

比如："刚才为什么发这么大的脾气？发脾气能解决什么问题？能和妈妈说说你的道理吗？"一定要听听孩子的想法，了解孩子发脾气的原因，如果不回应不处理，孩子会心存不满甚至留下心结。

4. 教孩子用语言来表达需求和感受

比如："妈妈，我很喜欢这个玩具，你不给我买，我真的很生气。"告诉孩子，发脾气、哭闹不能产生任何作用和效果，而好好说话、合理谈判、讲出自己的想法和理由却能得到更多的帮助。

◆让孩子“等一等”

孩子总是希望尽快得到想要的东西，比如，看动画片、再讲一个故事等。这时家长要告诉他（她），可以满足他（她）的需要，但要等一会儿。给孩子时间来体会和比较，他（她）就会明白“等待”是一种什么感受。

女儿上幼儿园中班，下午接她回家都会路过一个路口，几乎每天都会在路口看到一个卖糖葫芦的。

第一天，女儿嚷嚷着要吃糖葫芦，孙女士告诉她，糖葫芦不太干净，吃了会闹肚子，便没给她买。妈妈没有满足女儿的要求，女儿哭得很厉害，但是无论她怎么哭，妈妈都带着她回家了。

第二天，女儿依然求妈妈给她买糖葫芦，妈妈坚持说糖葫芦有些脏，等周末带她到超市里去买又干净又好吃的“高老太太糖葫芦”。这次，女儿虽然依然不高兴，却没有哭。因为她以前吃过高老太太糖葫芦，确实很好吃。

第三天，再次看到卖糖葫芦的时候，女儿跟妈妈说：“妈妈，我今天不要吃糖葫芦了，等周末的时候你带我去超市买高老太太糖葫芦，好吗？”

周末，妈妈带女儿去附近的超市买了高老太太糖葫芦，作为奖励，还给女儿买了一块小手绢，因为女儿平时特别喜欢用手绢折叠各种小玩意。

生活中，我们经常可以看到，有些孩子到了商场后，看到某样东西，拉着家长一定要买，不给买就大哭，严重的还会躺在地上打滚。家长应尽量满足孩子的内心需求，给孩子足够的爱和尊重，有利于孩子形成较高的自我认同。然而，爱孩子不等于没有底线，家长一定要对孩子有明确的界定：哪些事情可以做，哪些事情不能做，否则，等孩子逐渐长大甚至成年以后，如果没养成抵制诱惑的习惯和能力，很可能会出现这样那样的问题。

在孩子等待的时间，家长可以做点其他事，比如，接个电话。如果孩子能安静地等待 1 分钟，就可以这样表扬他（她）："你真有耐心，能在妈妈说话的时候自己玩。"如果孩子不乖乖听话，接下来的 1 分钟可以不理会他（她），并且向他（她）说明为什么这样。

在心理学上，所谓"等一等"就是延迟满足，即主动为更有价值的长远结果而放弃即时满足的选择。善于等待的孩子一般都是自控力和目标感很强，更愿意为了学习放弃手机、电视等诱惑，学习起来更专注。他们对即时满足的执念不高，对一时达不到预期的事情容忍度也更高，情绪也更稳定，那么，该如何培养孩子的这种能力呢？

1. 快速响应但延迟处理

对孩子过分溺爱，孩子一有什么需求，就满足，久而久之，孩子就会获得一个自我意识：我的意志就是世界的中心，大家都得围着我转。一旦确立了这种自我意识，就很难培养孩子延迟满足的能力。如果孩子平时有什么要求，只要不是很危急，就有意识地让孩子等一会儿，然后再具体满足，孩子就会慢慢习惯等待。比如，妈妈在厨房忙乎，孩子在客厅里喊："妈妈，陪我搭积木。"妈妈要立刻做出回应："听到了，你等一下，我洗好手就过来。”即使这样说话，妈妈也不要急着过去，有意识地磨蹭一会儿，同时一边跟孩子讲话：“妈妈快好了，你搭的什么造型呀？”，“需要妈妈帮你做些什么呢？”……如此，“磨蹭”的时间就能逐步延长。当孩子慢慢习惯了这种等待后，就会慢慢意识到：家长很爱我，能看到我的需求，但他们也有自己的事情，不是我想怎么样就怎么样。确立了这种观念，孩子的以自我为中心的倾向就会慢慢弱化，延迟满足也就有了心理基础。

2. 让孩子体验到等待的后果

4~6岁的孩子，思维尚处在比较直观的阶段，培养他们延迟满足的能力，仅讲道理还远远不够，要让孩子对延迟满足的结果有个具体理解。比如，想让孩子养成对巧克力的延迟满足能力，与其一下子告诉孩子“今天不能吃，明天可以吃两个”，不如把两块巧克力拿到孩子面前，郑重地告诉他“如果今天不吃，明天10点的时候，两块巧克力就都是你的了。”如此，孩子既能直观地理解需要等待的时间，又能看得到坚持后的好处。

3. 强化孩子的延迟满足行为

比如，两个孩子一起玩玩具时发生了争抢，家长可以鼓励他们想个能玩到一起的办法。想出办法后，家长及时对他们说：“孩子们，知道吗？这种行为就叫分享，分享让你们玩得多开心啊。”孩子从家长的反馈里，不仅可以看到自己行为的价值，还可以体验到这种行为的报偿，以后重复这种行为的内在动力自然就更大。因此，孩子有意或无意地体现出延迟满足的行为，家长就惊喜地对孩子说：“妈妈很高兴，你又多做了一个好行为，妈妈相信，这个行为如果成为习惯，你就能管好自己了。加油，妈妈为你骄傲！”

◆对于孩子随心所欲的欲望，不予回应

有个关于《修剪欲望》的故事，故事的大概是这样的：

一天，寺院里来了一个客人。这个人衣着光鲜，气宇不凡，向寺院住持请教了一个问题："人怎样才能清除掉自己的欲望？"住持微微一笑，转身进内室，拿来一把剪子，对客人说："施主，请随我来！"

住持把客人带到寺院外的山坡。那里，满山的灌木都被修剪得整整齐齐。住持把剪子交给客人，说道："您只要反复修剪一棵树，欲望就会消除。"客人疑惑地接过剪子，走向一丛灌木，"咔嚓咔嚓"地剪了起来。

一壶茶的工夫过去了，住持问他感觉如何。客人笑笑："感觉身体舒展轻松了许多，可是日常堵塞心头的欲望好像并没有放下。"住持颔首说道："刚开始是这样的，经常修剪，就好了。"客人随后离开，跟住持约定他十天后再来。

十天后，客人来了；十六天后，客人又来了……三个月过去，客人已经将那棵灌木修剪成了一只初具规模的"兔子"。客人告诉住持，自己每次修剪的时候，都能气定神闲，心无挂碍。可是，一离开寺庙，欲望依然会像往常那样冒出来。住持笑而不言。

当客人的"兔子"完全成型之后，住持又问了同样的问题，结果得到了同样的回答。这次，住持对客人说："施主，你知道为什么当初我建议

你来修剪树木吗？我只是希望你每次修剪前都能发现，剪去的部分又会重新长出来。就像我们的欲望，不要指望完全消除。我们能做的，就是尽力把它修剪得更美观。放纵欲望，它就会像疯长的灌木，丑恶不堪。但是，经常修剪，就能成为一道悦目的风景。对于名利，只要取之有道，用之有道，利己惠人，就不应该被看作是心灵的枷锁。”客人恍然大悟。

这个故事告诉我们，人有欲望是正常的，关键是要取之有道，用之有道，不能放任欲望发展。修剪就是为欲望设立一个底线，任何时候都不能突破，任何时候都不敢突破。在现实生活中，很多孩子都无法控制自己的欲望，总想得到更多更好的东西，而在孩子提出无度要求时，家长初衷都是做个“善良”的家长，于是一味地迁就和忍让，让孩子贪婪的本性一次次击退自己的底线。

生活中的挫折不可避免，如果把自己向往的东西列一张表，然后，在今后三年内可能满足的愿望上打钩，其中能做到的能占 20%，多半就很满足了。而现实是，多数孩子 75% 以上的愿望都能如愿以偿。许多家长善于克制自己的物欲，却无节制地满足孩子的要求。可是，太容易获得的东西人往往不珍惜，且从中获得的乐趣也减少，这一点孩子和家长是一样的。更糟糕的是，孩子从中学会的是不劳而获，高消费是靠努力与牺牲得来，而不应是靠抱怨、要挟、强求得来。 所以，家长应善于对孩子说“不”，要他们学会克制与承受。那么孩子的欲望有什么特点呢？

1. 孩子的欲望与生俱来

欲望是与生俱来的，孩子长大的过程，是人类发展过程的复演：从动作的发展来看，最先是爬，手脚并用；而后，双脚摇摇晃晃地走；最后，直立行走。这一过程用了约 12 个月，可是，在人类的进化中，这个过程却用了几百万年的时间。现在，能直立行走的潜在因素已经包含在人的遗传基因之内。孩子刚出生时，没有任何文化方面的体验，然而，也并非全然无知地来到这个世界，而是带了不少知识和能力。例如，婴儿会看、会听、会消化等。孩子都从祖先那里承袭了能力，这些能力是祖先经过了数百万年的进化不断累积下来的。孩子都有着一双敏锐的眼睛，任何东西无法逃脱孩子的注意力，尤其是越是不知道或越被禁止触摸的东西，孩子就越想一探究竟，比如，听完有趣的故事，为了知道收音机里谁在说话，他们会设法打开；下雨之后，越告诉孩子踩进水坑会弄湿鞋和裤子，孩子越偏偏往水坑里踩……

2. 孩子常会表现的两大欲望

（1）占有欲。占有欲强的孩子总是容易被物品吸引，并渴望拥有它们。正常孩子的占有心理都会经历一个转化过程：从占有物体本身发展到占有物品所包含的知识。如果孩子无法实现这个转化，一直被物品吸引，要想满足占有欲，就必须拥有物品。拿走物品并保管是很容易的，并不需要指导和重复。如此，孩子的心力就这样转移了。当孩子看到一只金表时，即使完全不懂表的用处，也会说：“我要它”。同时，另一个孩子也叫起来：“不行，我要！”随后，两个孩子可能就会为了这块表而打架，即使把表摔坏了，也在所不惜。孩子的心力依附于物质上，就会产生精神上的矛盾和痛苦。

（2）支配欲。通过研究占有欲很强的孩子发现，一个孩子认为强有力的、无所不能的人在场，孩子就会很高兴。因为他知道，只要利用家长的能力，自己的能力就会提高。因此，这种孩子会想办法利用家长的帮助，一旦有人乐于满足他（她）的要求，他（她）就会产生更多的欲望，越来越任性。这种孩子满足于支配家长的成功，内心充满幻想和欲望，心理已经远远偏离了正轨；一旦遇到拒绝和失败，他们的心理世界就会迅速崩溃，还会将挫败原因归咎于家长的不服从，从而对家长产生不满和怨恨。

◆告诉孩子，做事要善始善终

生活中，总能听到这样的声音：

“我的孩子做事虎头蛇尾，没坚持两天就放弃了，练琴是这样，跑步是这样，就连对喜欢的舞蹈也常常拖着不肯去跳。”

“我儿子去年寒假打算锻炼英语口语，一开始劲头还很足，一大早就起来朗诵课文，但还没坚持一周就放弃了，所以也没什么成效。今年暑假又说要继续补口语，很担心他像去年一样，三天的精神头，怎么办？”

“每天孩子玩手机玩电脑，说好只玩一个小时，但玩着玩着就停不下来，作业也不写了，怎么办？”

这些都是家长常问的问题，孩子的自控能力差，如何提高孩子的自制力，增强他们的自控能力呢？

6岁的儿子看到爷爷在家里和人下象棋，似乎也着了迷，对爸爸说自己也想学下象棋。孩子愿意下象棋，大家都觉得挺好，于是，家人一口答应了他。

看到儿子想学下棋，爸爸打算给他找个好老师。打听到小区里有个老师下棋水平比较高，也收了几个孩子学，家长便登门拜访，并为儿子定下了每周六下午上象棋课。请到了老师，儿子很雀跃，家长也很放心，老师就住在小区内，距离不远，不必每次接送儿子。

一开始，儿子学棋的积极性很高，老师也总是表扬他。平时，上课时间还没有到，他就会早早地催着爸爸妈妈做准备。可是，好景不长，不过一个月，儿子上起课来就表现得心不在焉，老师也说他不像一开始那样愿意动脑筋了，现在儿子是爱下不下的态度，基本处在半途而废的状态。

没过多久，儿子的同桌去青少年宫学画画，他也闹着要学，妈妈担心他又是三分钟的热度，但儿子保证说要好好学。于是，妈妈又为他报了名，每周日上午上课。结果，与下象棋一样，一开始儿子劲头很足，但热乎劲一过，对画画又没有什么热情了。

看到孩子对学习虎头蛇尾，妈妈非常烦恼，该如何引导和教育孩子让他（她）多一点耐心并持之以恒呢？

从心理学来讲，孩子对事物产生兴趣，就会表现出专注、激动、欢喜等。随着时间推移，多数孩子都不会在平静的单调期持续下去，更无法将初期的兴趣培养成专长，事情做到一半就放弃，不知道为什么要坚持和怎样坚持。

现实中，孩子做事之所以虎头蛇尾，原因无外乎两个：

1. 孩子缺乏坚强的意志力。4~6 岁的孩子一般都活泼好动、遇事敏感，注意力和兴趣很容易转移，无法抵挡外界的诱惑，容易分心；情绪起伏大，自控能力和自我调节能力不足，遇到困难，会焦躁不安甚至乱发脾气，若没得到及时疏导，做事就无法持久；孩子心理较为脆弱，自信不足，遭遇批评或失败，容易自怨自艾。

2. 不当的家庭教育方式，也会让孩子做事虎头蛇尾，比如：

（1）溺爱孩子，孩子不懂克制，由着性子来，做事懒散没有纪律；

（2）孩子的事情没有做完，家长图省事包揽，孩子没有责任心，事事依赖，需要人督促；

（3）家长不思进取，行为不良，会沿袭到孩子身上；

（4）发现孩子做事虎头蛇尾，家长没有进行正面教育和鼓励，而是粗暴训斥或打骂孩子，使孩子失去自信，无法健康成长；

（5）孩子没有明确的目的，说做就做，不做就作罢，家长不加以指导，或束手无策干着急，使孩子做事半途而废。

孩子做事虎头蛇尾，家长应深入了解原因。如果是孩子能力不足，难以达成目标，就不要强求，因为孩子的发展具有多面性。如果事情是孩子力所能及的，孩子却不肯坚持训练，就要引导、鼓励和监督并举，让孩子不再做事“三分钟热度”。具体应如何做呢？

1. 找到真正兴趣

家长要注意观察，一旦发现适合孩子做的事情，就要鼓励孩子全力以赴，坚持到底，并且家长要鼎力支持，耐心等待。当然，选项目不能太多。培养一两个稳定的兴趣，没有太多旁骛，孩子才会专注做事情。

2. 凡事计划先行

帮助孩子制订好计划，将大目标分解成小目标。比如，孩子学习弹琴，应从单手弹奏再到双手合奏，先练习小曲再弹奏完整的曲子，由简单到复杂循序渐进。还可以跟学琴的家庭结成联盟，定期举行家庭音乐会，让孩子有展示成果、体会成功的机会，更有交流学习的机会，激发孩子学琴的热情。

3. 指导孩子张弛有度

家长对孩子的教育要始终充满热情，要求孩子做事有始有终，自己也必须言出必行，做好表率。给孩子布置的任务要难度适当，同步训练孩子的意志力。家长在督促时，不要时时紧盯，只需心平气和地提醒，因为孩子只有在张弛有度的环境中做事，才能克服惰性，将事情做好做精细。

4. 善加评价鼓励

给孩子适当的鼓励，会增强孩子的成功感和自豪感，帮孩子树立自信心，使他（她）明白自己能做很多的事，并且能做得很好。此外，要想办法让孩子体验成功，感受付出有所收获的快乐。

记住，让孩子对事情保持持久的兴趣、注意力，才能使孩子坚持学好本领。

第十六章
求新求变：懂得创新，孩子才更容易出成绩

◆引导孩子主动思考

在 4~6 岁孩子的眼里，世界是非常奇妙的：

鱼为什么在水里游，小鸟为什么在天上飞？

太阳和月亮为什么会升起和落下？

他们对于我们日常司空见惯的每件事情都感到非常好奇，想弄明白其中的道理。这种好奇心使他们对世界充满了探索欲望，同时也让孩子在探索中学习和提高。

好奇心是孩子探索世界的潜在力量。没有好奇心，孩子就没有想象力。只有富有好奇心的孩子，才能保持旺盛的求知欲，在获得知识的过程中体验乐趣，这种乐趣会激励他不知疲倦地去探究未知的领域，促进其智力的发展。

有位幼儿园老师给学生讲孔融让梨的故事，让学生说出孔融让梨的动机。最后，幼儿给出的答案主要分为四类：

（1）梨烂了。

（2）当时孔融正好牙疼。

（3）为了让拿大梨的人帮他做作业。

（4）孔融想出名。

当孩子问家长“为什么”的时候，不妨趁机问问孩子“你说为什么”。孩子不会轻易说“我不知道”，为了回答，定然会立刻找寻答案。孩子的回答不一定正确，但会开始思考，而不是一有问题就问“为什么”。

有的家长不喜欢动脑筋，只会依据经验告诉孩子答案，且只给孩子提供一个答案，孩子便不再费力去想别的了。

有些家长对孩子每问必答，使孩子不善于思考，在思维能力方面过早地出现惰性。

有些家长不愿意看着孩子在那里想问题，会说：“嗨，那有什么好想的，这么简单”，“别想了，脑筋会用坏的”，“小小年纪。想那么多干吗？”，“这孩子心思太多了，一点都不天真”，此类说法会阻碍孩子思考能力的发展。

有的家长误以为自己的孩子很聪明，孩子说错了答案，家长看到他年幼，不会进行纠正。他们忽略了孩子回答问题的难易程度，沉浸在对孩子的“聪明”幻象中。有时，恰恰是那些看起来聪明的孩子却懒于思考、拙于思考；笨拙的孩子，反而会努力思考。

让孩子学会思考，是真正对孩子有意义的事。

哈佛大学有句名言：“教育的真正目的就是让人不断地提出问题、思考问题”。在日常的教育中，要培养好下一代，单单回答孩子的问题是不够的，还要激发孩子提问的热情，提高孩子提问的高度和拓展深度。

与孩子相处时，向他（她）提问，引导他（她）去思考和想象，可以挖掘孩子的想象和思考潜能。家长越会提问，孩子的想象力就越有可能发展，越能养成爱思考的好习惯。那么家长该怎样提问引导孩子思考呢？

1. 列举法

不仅要求孩子列举出物品的用途和功能，还要引导他列举出和物品原有属性无关的其他用途和功能。

示例：

用毛巾给孩子洗脸时，妈妈问："毛巾可以用来洗脸，还可以用来做什么？"

孩子回答："用来洗澡，擦脚丫。"

妈妈接着问："还有呢？"

孩子回答："当抹布擦桌子，当围巾围脖子，当枕巾睡觉，当绳子拉，当玩具扔，当棉被给布娃娃盖……"

孩子的生活经验越丰富，想象范围就越广阔，越能体现思考的新颖和灵活性。

2. 违反常规法

家长反其道而行之，提出反常规的问题让孩子回答，让他（她）张开想象的翅膀，积极思考。

示例：

妈妈说："如果天空下的不是雪，而是白糖，会怎么样？"

孩子说："太好了，多美的事啊……"

妈妈又说，如果这个世界没有白天只有黑夜，会怎么样？如果汽车像鸟儿在天上飞会怎么样？如果车轮子是方的会怎么样……

"如果"后面的"怎么样"，就交给孩子的想象力来解决了。

3. 物品替代法

在从事一项活动中缺少一种东西时，就可以思考有没有其他东西来替代。找到的替代物越多，孩子思维的流畅性越强。

示例：

和孩子假装玩游戏——当护士。准备"演出"道具时，妈妈突然故意说："哎呀，没有针筒怎么办？"孩子就会去找用来当针筒的东西，比如：筷子、圆珠笔。不管孩子找来什么东西，只要是他（她）能想到，能配合你的提问和工作，都要加以肯定、鼓励和表扬。

4. 故意为难法

家长提出一个假设的问题，让孩子想办法，等他（她）想出来后，顺着这个答案再提下一个问题，故意为难孩子，直到提不出问题为止。

示例：

妈妈："如果回家时，家里没人，你进不了门，会怎么办？"

孩子答："打电话给你们，叫你们回来开门。"

"万一我们回不来呢？"

"我到邻居阿姨家，等你们回来。"

"邻居家也锁门了呢？"

"我在外面继续玩。"

"你要是不想玩呢？"

"我就在门口等。"

"你等得很烦呢？"

"我就坐在门口睡着了。"

不知不觉中，把孩子引入思考的境地，挖掘想象的潜能，孩子就能养成爱思考、善于解决问题的好习惯。

5. 故事接龙法

跟孩子一起编故事，妈妈说一两句，孩子接一两句，妈妈再接下去，如此循环。不管故事编得如何，编到哪儿，都不重要，重要的是能接上，逻辑上说得过去就行。孩子接得越快，说明思维越敏捷。

示例：

妈妈说："有只小鸡出去玩，遇到一只小狗。"

孩子接："小狗嘴里叼着骨头。"

妈妈接："小鸡很想吃骨头，眼巴巴地望着小狗。"

孩子接："小狗想分骨头给小鸡吃。"

妈妈接："可是，小狗想起妈妈的话，骨头要给生病的狗爸爸吃……"

开始的时候，接一句就行，不要太长，太长了反而会增加续接的难度。

6. 形象比喻法

通过观察某种事物，联想到类似事物形态的另一种事物，可以根据事物的多个角度来引导孩子去比喻和联想。

示例：

妈妈把书立起来："书的样子像什么？"

孩子回答："像扇门，像窗子。"

妈妈把书放平，问："现在又像什么？"

孩子回答："像豆腐，像大积木，像一栋楼，像一块平地。"

妈妈把书打开竖放再问，孩子回答："像扇子，像商场的旋转门。"

妈妈把书摊开平放，孩子回答："像张开的两片叶子。"

从不同视角来让孩子比喻有一定的难度，如果孩子一时答不上，可以不断鼓励和启发他。

7. 加减改换法

增加（减去）或改换事物的一部分，也可以引导孩子思考，开启他（她）的想象思维。

示例：

妈妈问："如果一张只能睡两个人的床要睡十个人，会怎么样？"

孩子答："人会被挤下去，会热死掉，会抢被子，会打架。"

妈妈问："如果房子没有一扇窗户会怎么样？"

孩子答："会很热，会很黑，会看不到风景。"

妈妈问："如果狗身上长着鸡头会怎么样？人也长尾巴会怎么样？"

孩子听了一定会发笑，很乐意地配合你去思考。

家长的问题越有趣，孩子就越愿意去思考和想象，对孩子来说，这也是个快乐的游戏，而不是枯燥的事情。

◆告诉孩子，换个角度思考问题，就能化腐朽为神奇

让思维转弯，是一种大智慧，有了这种智慧，四两可以拨千斤，弱小可以战胜强大，失利可以变为有利。聪慧的孩子一般都善于从他人未想到的角度去思考问题，发现他人没有发现的思考角度。随着视角的转换，就能对事物从不同角度进行理解，理解也会更加深入，最终抓住事物的本质。

在内蒙古的一个农村，早些年狼比较多，即使是在白天，狼也会在村边出没，经常会发生家禽家畜被狼叼走的事情，人们谈狼色变。

一个夏天的上午，一个男孩在村边割草，受到两只狼的围困。两只狼一前一后，虎视眈眈。男孩很害怕，他想求救，但他知道，村里的青壮男女都下到田里干活去了，只剩下老人和孩子，即使喊"狼来了"，他们也不敢出来。孩子突发奇想，大声喊道："耍猴了、耍猴了。"

农村平时没什么娱乐活动，耍猴是非常盛行的，颇受村民们喜爱。结

果，听到喊耍猴的老人和孩子都向村子边跑过来。两只狼一看这阵势，夹着尾巴落荒而逃。

设想，如果男孩当时喊狼来了，多半都会成了狼的午餐。但聪明的他让思维拐了个弯，成功化解了自己面临的危机。人生处世如行路，常有山水阻身前。行不通时，开山架桥，蛮力耗尽，也逃脱不出出师未捷身先死的结局。其实，只要转个弯，就能轻松绕过障碍，到达终点。

在同一个问题上，不仅要向前看，还要向后看。如果家长问孩子："用你每个月的所有钱买美味和有趣的食物，好吗？"0~3 岁的孩子认识能力有限，一开始可能是"一个表象，一个原因，或一个解释"等单线条思维。但是，随着孩子一岁一岁长大，事情变得越来越复杂，引导孩子多角度看待和分析事物，就能让孩子逐渐养成换个角度想问题的好习惯。

多角度思考问题就是一种发散性思维，能够突破原有的知识圈，以一点向四面八方扩散，使人沿着不同方向、不同角度进行思考，通过知识、观念的重新组合，找出更多更新的可能的答案、设想或办法。日常生活中，家长应该有意识地加强对孩子发散性思维的训练。

1. 激发和保护孩子的好奇心

家长要善待孩子的问题，对于孩子的提问，要表现出浓厚的兴趣；在回答孩子的问题时，要具有启发性，要引导孩子，把孩子的好奇心转到善于分析和思考方面上来。

2. 把时间用在最重要的事情上

家长也会陷入这样的误区，看上去忙得脚不沾地，但问题却没有得到有效解决。这样做表面上很勤奋，实际会让孩子成为低品质勤奋者。

3. 让孩子享受思考的快乐

为孩子创设一种寓教于乐的生活氛围，让孩子在玩耍中发现问题，并鼓励孩子自己去解决。例如，在跟孩子一起看书的过程中，可以向他（她）提一些问题，让他（她）回答；对生活中遇到的问题，可以跟孩子一起讨论分析。

4. 适当地做个“懒爸妈”

把孩子的一切事物都安排得妥帖周到，当孩子再遇上困难时，自己不愿意思考，寄希望于家长的帮助，长此以往，就会扼杀了孩子的思考和积极性，更谈不上解决问题的能力了。

◆告诉孩子，多问问题，才能理解得更深入

提问的过程就是一个不断反思的过程，内心思考着什么问题，就会牵引着我们走向什么方向。同样，提问也是孩子求知欲的表现形式。在生活中，家长不仅要认真地回答孩子的提问，还要适当地启发提问，也可以对孩子的问题进行深一步的发问，引导孩子思考，使其掌握思考的方法。先讲一个犹太人民间流行的故事：

有一位犹太长老，只有一个七八岁的女儿。

一天，长老急着出门参加一个重要会议，却被女儿拦住，女儿说自己长大后也要像父亲一样当长老。

长老笑着对女儿说，族规说，只有男人才能当长老，你是做不了长

老的。

女儿不依不饶："我就是要当长老嘛！"

长老对女儿说："我问你一个问题，我就知道你未来有没有可能当上长老了。"

女儿说："好！"

长老问："有一对双胞胎进入烟囱打扫，出来之后，一人脸黑，一人脸白，请问，谁会先去洗脸？"

女儿不假思索地说："黑脸的人。"

长老失望地摇摇头说："你是不可能当上长老的。"然后，就要走出门外。

女儿一把抱住他的腿，说："是白脸。首先去洗脸的是白脸。"

长老轻轻地摇头，说："这次答案比上一次有进步，你有一点可能将来当上长老了。"

"只是一点可能？"女儿追问，"不是黑脸，不是白脸，那会是谁先去洗脸呢？"

长老有些生气，大步外往走，但被女儿又一次拦住。这次，父亲动怒了，说："别闹了，你还有其他答案吗？"

"没有答案了，但我有问题。"

"什么问题？"

"明明是一对双胞胎，从同一个烟囱进出，一个人的脸变成黑的，一个人的脸变成白的，这可能吗？"

长老蹲下来，抱起女儿说："你问得好。现在，你拥有当长老的潜能了，你可能是我们犹太人第一位女性长老。"

教育心理学家皮亚杰说："每告诉孩子一个答案，就剥夺一次他们学习的机会。"一个不会提问的孩子，只能是死学的呆子；一个听不到质疑的民族，是一个没有希望的民族。提问能让孩子进步，而质疑能使民族发展。

与人沟通，最重要的是能够倾听他人的心声，了解对方的想法，然后才能根据自己的情况发表意见。但是，4~6 岁的孩子在沟通中往往不太主动，只是被动地听家长说，不会主动了解家长的真实意思。久而久之，孩子就会对他人的讲话越来越漠视。所以，要引导孩子不断提问。

1. 提问的阶段

孩子在提问的过程中，要经历这样几个阶段：

（1）认识提问。开始让孩子尝试提一个问题时，孩子很可能不明白要他（她）做什么，多半只会说出自己的一个想法。可以尝试让他（她）扮演老师的角色，说："有什么问题问小朋友啊？"通过转变角色，来提出问题。

（2）尝试提问。孩子理解了什么是问题后，提问的兴趣会随之提高。在这一阶段，要让孩子充分发问，帮助他们掌握提问的方法。如果孩子在一个句子里问两个问题，或者乱用、错用疑问词，家长要及时反馈，弄清孩子提问的意思，帮助孩子用合适的问句表达。

（3）回应提问。在学习提问的过程中，孩子还可能产生另一个问题，即不去思考和回应他人的问题。家长要反复引导和提醒，同时引导孩子学会倾听。

（4）自觉提问。在学会提问之前，孩子总会不动脑筋就盲目重复或听从他人的意见。在学习提问的过程中，孩子会逐渐主动学会提出自己的想法，减少对他人的盲从。尽管有些问题并不需要回答，但孩子通过提问得到的答案也正是孩子自觉思考的结果。

（5）主动追问。对于4~6岁的孩子来说，追问比较困难，因为需要追问者追踪他人的思考，合理地提出问题；面对他人的质疑，被追问者还要恰当地作出回应。通常，孩子提出问题都来源于对他人的预测、解释或回答的质疑，例如："不是！不对！他说错了！"如果孩子不主动说出自己的理由，他人又不询问，讨论就会中断，家长可以适当介入，询问"为什么"，支持孩子继续讨论。

2. 引导孩子提问

多数孩子天生就是问题专家，他们喜欢不停地问家长；但是，有些孩子却性格文静，不喜欢提问题；有些孩子则是因为家长不喜欢回答自己的问题，渐渐养成了不提问的习惯。对待不爱提问的孩子，应该怎么办？

（1）引导孩子提问。直接对孩子说，要求孩子多提问，多半是不会起作用的，因为4~6岁的孩子没有这么强的自制力，如果不想提问，就不可能违心地做自己不愿做的事情。家长要及时引导。

（2）多跟孩子沟通。在日常生活中，家长要有意识地与孩子进行交流沟通。

（3）了解孩子的内心世界。要启发孩子发问并不难，首先要了解孩子的内心世界，从孩子的心理出发，理解和尊重孩子，与孩子亲近，促使孩子主动向家长敞开心扉。

◆告诉孩子，创新不是凭空想象，要多动手实践

动手实践不仅能提高智力，而且对非智力因素的提高有重要作用。研究表明，65% 的知识来自动手实践，通过动手实践，孩子能够多吸收 65% 的知识；动手实践也能提高学习效率。从小培养孩子的动手能力，还可以使他们对自己产生信心，培养其敢说敢干的精神和坚持到底的顽强意志。因此，要鼓励孩子多动手实践。

动手实践是孩子成长的基础，是孩子身心和谐发展的必需。

4~6 岁是孩子发展的关键期，他们对社会、自然、周围的一切都没有全面了解，同时又对它们有着浓厚兴趣，喜欢亲自体验、感受、尝试，从而对世界做出自己的判断和了解。

在孩子的眼中，世界是多姿多彩的，他们会睁大求知的双眼，将所观察的一切事物都赋予生命。

大自然、大社会中所蕴含的教育价值是多元的、广博的，家庭环境相对来说是简单的、封闭的，除了家长，孩子也缺少与同伴、群体、社会沟通交往的氛围，而动手实践活动则创造了良好的环境和机会，为孩子提供充分表达自己与他人交往意愿的机会，能让孩子在实践中学会沟通，学会理解他人，满足自我需要，跟同伴友好相处。家长在促进孩子动于实践方面该怎么做呢？

1. 给孩子提供动手实践的机会

4~6 岁的孩子知识面比较狭窄，接触社会面不够广泛，体验生活的机

会较少，因而实践操作的内容也就更加缺少。家长要为孩子创造动手实践的条件：带孩子到实践中去，让孩子学会处理日常生活中的事情，比如，洗自己的衣服或做些家务劳动；可以带他们去参加有益的社会活动，了解社会生活；带孩子到大自然中，游览、旅行，扩大生活视野，引出问题并启发他们进行思考。孩子的好奇心很重，要鼓励他们在探索过程中自己解决各种问题。

2. 让孩子在游戏中提升动手实践能力

游戏为孩子提供了兴趣点，能激发孩子的动手热情。通过玩游戏，孩子能在动手过程中找到乐趣，也就会喜欢上动手实践。爱玩游戏是孩子的天性，而游戏本身也会让孩子在玩乐中增强动手能力。但是，现在的孩子多半都将时间花在了钢琴、舞蹈、外语、书画等上面，学习之余不是看电视就是上网聊天、玩电子游戏，导致孩子思想懒惰，动手能力减弱。家长工作之余，可以带孩子走出家门，让孩子和小伙伴们一起玩游戏，让孩子在快乐的游戏中不自觉地增强动手能力。

后 记

经过半年多的努力，终于将书写完了，当我将最后一个字敲入电脑，顿时感到一阵轻松。因为整个编写过程也是我不断思考的过程，而思考也是最费时间、精力和心力的。

为了尽可能地将精华都浓缩到这本书中，我不仅回想了历年的教育经历，还重新翻阅了教育书籍，甚至还对好的教育理念进行了归纳和总结，对错误的认知进行了纠正。从这个意义上来说，编书成册的过程，更是我自我成长的过程。

同样，育儿的过程也是家长不断成长的过程！初为人父人母的我们，都没有现成的育儿经验，虽然有很多育儿图书可以参考，但每个孩子都有自己的特点，我们也只能摸着石头过河，走一步看一步，同时不断地观察孩子和不断地纠正自己的错误。

孩子的成长之路很长，不仅仅是6岁前。过了6岁，孩子还要经历好几个6岁，才能长大成人。如长到6岁、12岁、18岁、24岁……每过6年，孩子的生理和心理都会发生变化，都会较过去不同，都需要家长用不同的方法来应对。因此，紧跟孩子成长的逻辑，在引导孩子成长的同时实现自我成长，也就成了家长的一大任务。

如果孩子一步步向前，家长却在原地一动不动，早晚都会被孩子甩到后面！记住，只有家长会学习、会思考，孩子才能会学习、会思考；只有家长成长了，孩子才能健康成长！